하루 동안 공학자 되어 보기

My STEM Day Engineering

© 2019 Welbeck Publishing Group Limited
First published in the UK in 2019 by Carlton Kids, an imprint of Welbeck Publishing Group Limited
All rights reserved.
Korean Language edition © 2021 by The Forest Book Publishing Co.
Korean translation rights arranged with Welbeck Publishing Group Limited
through EntersKorea Co., Ltd., Seoul, Korea.

이 책의 한국어판 저작권은 (주)엔터스코리아를 통한 저작권사와의 독점 계약으로
도서출판 더숲이 소유합니다. 저작권법에 의하여 한국 내에서 보호를 받는 저작물이므로
무단전재와 무단복제를 금합니다.

하루 동안 공학자 되어 보기

1판 1쇄 인쇄 2021년 8월 16일
1판 1쇄 발행 2021년 8월 23일

지은이 낸시 딕맨
그린이 알레한드로
옮긴이 서지희

발행인 김기중
주간 신선영
편집 정은미, 민성원, 이상희
마케팅 김신정, 최종일
경영지원 홍운선
펴낸곳 도서출판 더숲
주소 서울시 마포구 동교로 43-1 (04018)
전화 02-3141-8301
팩스 02-3141-8303
이메일 info@theforestbook.co.kr
페이스북·인스타그램 @theforestbook
출판신고 2009년 3월 30일 제2009-000062호

ISBN 979-11-90357-75-3 74400
     979-11-90357-72-2(세트)

※ 이 책은 도서출판 더숲이 저작권자와의 계약에 따라 발행한 것이므로
    본사의 서면 허락 없이는 어떠한 형태나 수단으로도 이 책의 내용을 이용하지 못합니다.
※ 잘못된 책은 구입하신 곳에서 바꾸어 드립니다.
※ 책값은 뒤표지에 있습니다.

SCIENCE   TECHNOLOGY   ENGINEERING   MATHEMATICS

하루 동안 공학자 되어 보기

아침부터 저녁까지 생활 속 공학을 찾아다니는 STEM 수업

낸시 딕맨 지음 | 알레한드로 그림 | 서지희 옮김

더숲 STEAM

차례

- STEM이 궁금해요 6
- 따뜻한 물이 나오는 이유 8
- 태양열로 물 데우기 10
- 수도꼭지에 숨겨진 비밀 12
- 중력과 물의 압력은 어떤 사이? 14
- 길을 평평하게 해요 16
- 나만의 길 만들기 18

- 멈춰, 이제 출발! 20
- 신호등 프로그램 만들기 22
- 여러 가지 모양의 다리들 24
- 나만의 다리 놓기 26
- 튼튼하고 안전한 건물 28
- 삼각형 지지대를 이용해요! 30

다리 놓는 방법을 알아봐요!

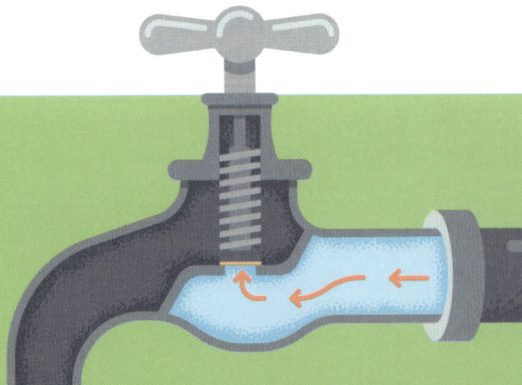

자전거는 멋져! 32
페달과 기어와 체인 34
지렛대와 도르래의 원리 36
나만의 짚 와이어 만들기 38
즐거운 간식 시간! 40
음식을 시원하게! 42
청소를 쉽고 깨끗하게 44
헌 동전을 반짝반짝하게 46

플라스틱으로 놀기 48
플라스틱 공학자 되기 50
저녁을 준비해요 52
열을 전달하는 물질 찾기 54
편안한 독서 시간 56
과일로 만든 건전지 58
공학은 어디에나 있어요! 60
퀴즈 시간! 61
정답 62

STEM이 궁금해요

STEM은 우리 주변 어디에나 있어요. 하지만 꽃의 줄기(stem)를 말하는 건 아니에요! 과학(Science), 기술(Technology), 공학(Engineering), 수학(Mathematics)의 줄임말이랍니다.

전등을 켜거나, 다리를 건너거나, 컴퓨터 게임을 해 본 적이 있나요? 그렇다면 여러분은 이미 STEM을 발견한 거예요. 과학자와 공학자는 오래전부터 자신들이 세상에 대해 이해한 내용을 바탕으로 우리가 매일 사용하는 도구, 구조, 과정 등을 발전시켜 왔답니다.

세상이 어떻게 돌아가는지 궁금한가요? 질문을 하고 새로운 아이디어를 시험해 보기를 좋아하나요? 어쩌면 패턴을 찾아내고, 문제를 해결하고, 원리를 발견하는 데 소질이 있는 사람도 있을 거예요. 한 번 해 봐서 잘 안 되면 다른 방법으로 다시 해 본다고요? 그렇다면 여러분은 STEM이 만들어 온 세상을 좋아하게 될 거예요.

공학은 STEM의 네 가지 분야 가운데 하나예요. 공학은 과학과 수학을 이용해 우리에게 유용한 것을 설계해 작동시키는 일이지요. 공학자는 먹을거리를 만들어 내는 일, 건물을 짓는 일, 탈것을 설계하고 의사소통하는 일 등 다양한 분야에서 일해요.

공학자가 이루어 놓은 것은 우리 주변에도 많아요. 그들은 집을 설계하고, 길을 만들고, 우리가 매일 사용하는 플라스틱을 만들어 내요. 조금만 둘러보면 어디서나 공학을 적용한 많은 것을 발견할 거예요!

STEM의 다른 분야는 무슨 일을 할까요? 과학은 자연 세계에 대해 알아보고 그와 관련 있는 모든 수수께끼를 조사하는 일이에요. 기술은 유용한 기구와 새로운 방법을 찾아내는 일이고요. 수학은 숫자와 도형을 공부하는 거예요. 이 과목들이 합쳐져 엄청난 것을 탐험하게 하고 뭔가를 만들어 내지요!

STEM의 네 가지 분야

과학　　기술　　공학　　수학

따뜻한 물이 나오는 이유

잠자리에서 일어나 씻어야 할 시간이에요. 우리는 수도꼭지를 틀면 당연히 뜨거운 물이 나온다고 생각하지요. 그런데 그 원리는 무엇일까요?

집에는 대부분 물을 데우는 보일러가 있어요. 물은 관을 통해 라디에이터로 보내져 방을 따뜻하게 해 주지요. 뜨거운 물도 여기서 공급되고요. 이런 보일러 가운데 다수는 가스를 연료로 해서 작동해요. 가스가 타면서 보일러 안에 든 물을 데우지요. 가스의 열에너지가 물로 전달되는 거예요.

어떤 보일러는 가스 대신 기름을 태워 열을 공급하기도 해요. 하지만 지구에 더 좋은 온수 시스템은 연료가 아니라 태양 에너지를 이용해 물을 데우는 거예요. 이를 태양열 시스템이라고 합니다.

8

태양열 시스템은 집열기라는 판을 이용하는데 이 판은 보통 지붕에 설치해요. 검은색 표면과 유리판이 태양열을 가두는 데 도움을 주어요. 이 열이 집열기(열을 모으는 기계) 안에 있는 관을 통과하는 물을 데우고요. 데워진 물은 관을 타고 온수 탱크로 들어가요.

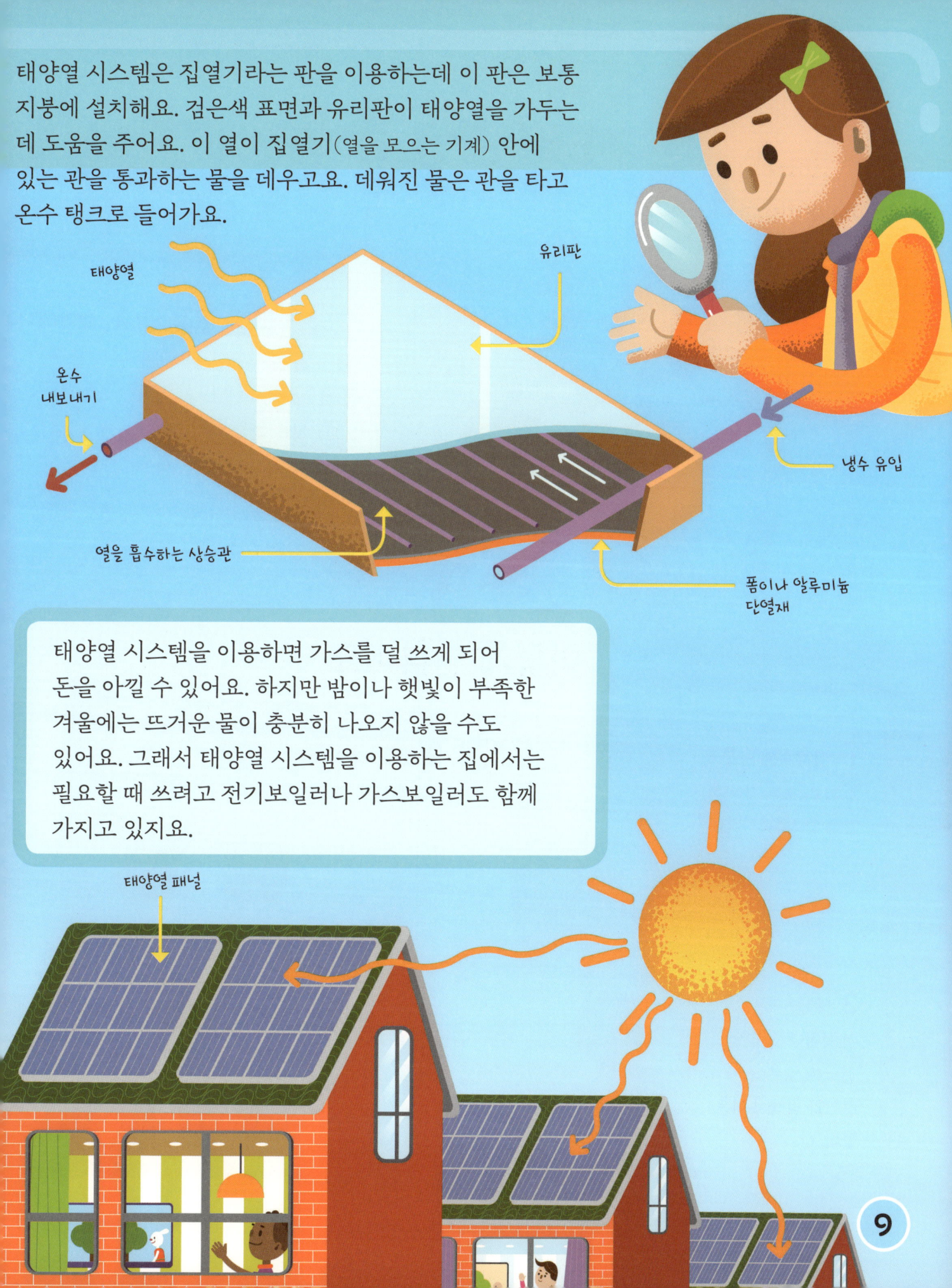

태양열 시스템을 이용하면 가스를 덜 쓰게 되어 돈을 아낄 수 있어요. 하지만 밤이나 햇빛이 부족한 겨울에는 뜨거운 물이 충분히 나오지 않을 수도 있어요. 그래서 태양열 시스템을 이용하는 집에서는 필요할 때 쓰려고 전기보일러나 가스보일러도 함께 가지고 있지요.

태양열로 물 데우기

준비물
- 똑같이 생긴 컵이나 유리잔 4개
- 흰색 종이 2장
- 검은색 종이 2장
- 비닐 랩
- 온도계

태양은 열과 빛을 내요. 태양에서 내는 열은 우리 피부로도 느낄 수 있지만 물을 데우는 데 이용되기도 하지요. 다음 실험으로 태양 에너지를 최대로 이용하는 방법을 알아보아요.

이렇게 만들어요

1 컵 4개에 찬물을 넣어요. 모두 같은 온도, 같은 양이어야 해요.

2 컵 2개를 비닐 랩으로 씌워요.

3 해가 드는 창턱이나 그 밖의 장소에 검은색 종이와 흰색 종이를 놓아요.

4 검은색 종이 한 장에는 비닐 랩을 씌운 컵을, 다른 한 장에는 비닐 랩을 씌우지 않은 컵을 올려놓아요. 흰색 종이 두 장에도 똑같이 해요.

5 적어도 1시간에서 2시간 해가 드는 곳에 놔두어요.

6 온도계로 컵마다 온도를 재요.

온도계

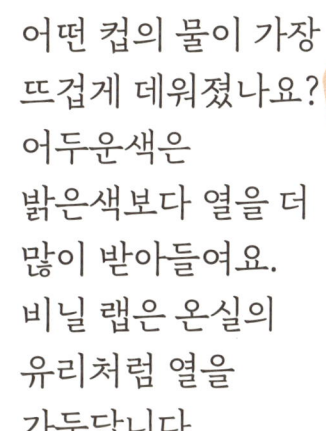

어떤 컵의 물이 가장 뜨겁게 데워졌나요? 어두운색은 밝은색보다 열을 더 많이 받아들여요. 비닐 랩은 온실의 유리처럼 열을 가둔답니다.

함께 풀어 보아요

가스 대신 태양열로 물을 데우면 연료는 물론 돈도 절약할 수 있어요. 여러분 집 안에서 뜨거운 물을 사용하는 곳을 아래 그림에서 색칠할 수 있나요?

정답은 책 뒤쪽에.

수도꼭지에 숨겨진 비밀

우리는 아침을 먹고 나서 이를 닦아요. 차고 깨끗한 물이 수도꼭지에서 나오지요. 하지만 수돗물을 편리하게 사용하려면 복잡한 배관 시스템이 있어야 해요. 배관 공학자가 그 시스템을 설계한답니다.

가정의 배관 시스템은 서로 다른 두 관이 연결되어 있어요. 그중 하나는 민물을 끌어와 수도, 세탁기, 식기세척기 등으로 보내요. 다른 하나는 싱크대, 변기, 샤워실 등에서 쓴 물을 모아 집 밖으로 보내지요.

민물
월류관
욕조 배수관
트랩
통풍구를 통해 냄새 내보내기
변기 배수관
버린 물 내보내기
버린 물

집으로 흘러드는 민물은 압력을 받아요. 압력은 미는 힘으로, 배관 시스템에서 물이 관을 거쳐 흘러가게 하지요. 어떤 곳에서는 물을 급수탑에 저장해요. 중력(물체를 땅으로 잡아당기는 힘)과 물의 무게로 물이 수도관을 거쳐 집집마다 흘러 들어가요. 압력을 주려고 펌프를 사용하는 곳도 있답니다.

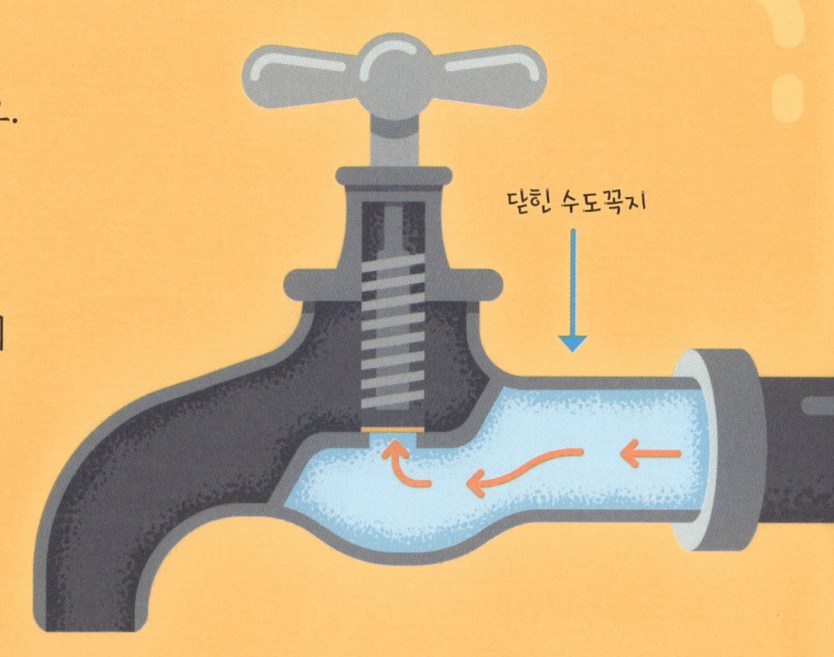

닫힌 수도꼭지

수도꼭지는 일종의 밸브예요. 밸브는 관을 막아 (부분적으로 또는 완전히) 물의 양을 조절하는 기계 장치예요. 수도꼭지를 틀면 밸브가 열려서 압력을 받은 물이 흘러나오지요. 수도꼭지를 잠그면 밸브가 닫힙니다.

열린 수도꼭지

벽

가스

쏴!

배기관

폐수 시스템의 물은 압력을 받지 않아요. 그 대신 중력을 이용해 관을 타고 내려가지요. 배수관은 전부 아래를 향해 설치되어 있어 중력이 폐수를 아래로 끌어당겨 집 밖으로 내보낸답니다.

중력과 물의 압력은 어떤 사이?

준비물
- 도와줄 어른
- 2리터짜리 음료수병
- 자
- 마커 펜
- 금속 꼬치
- 테이프
- 물
- 야외 공간

**뾰족한 꼬치!
물에 젖음!
조심!**

중력은 배관 시스템에서 물의 압력이 생기게 하는 방법 가운데 하나예요. 단순한 실험으로 그 원리를 알아보아요!

이렇게 만들어요

1 자로 재서 구멍을 낼 곳에 표시해요. 병 전체 높이의 약 3분의 1 되는 곳에서 시작해 위쪽에서 아래까지 직선으로 구멍을 다섯 개 만들어요. 간격이 똑같이 4~5센티미터 떨어지게 해요.

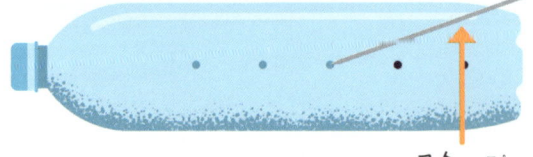

금속 꼬치

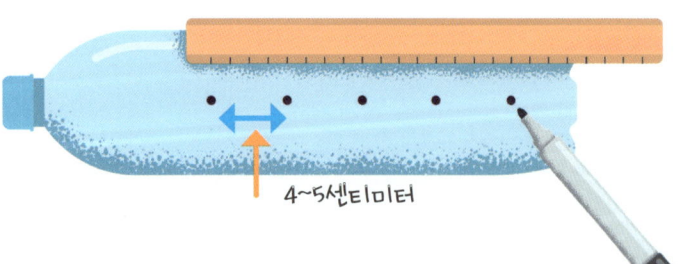

4~5센티미터

2 어른의 도움을 받아 여러분이 표시한 자리에 금속 꼬치로 구멍을 뚫어요. 구멍은 크기가 같아야 해요.

3 길게 자른 테이프로 모든 구멍을 한꺼번에 막아요.

테이프

4 병 꼭대기까지 물을 채워요.

5 병을 밖으로 가지고 나가 테이프를 재빨리 뜯어요.

6 병에서 물이 어떻게 흘러나오는지 관찰해요. 모든 구멍에서 물이 똑같이 나오나요?

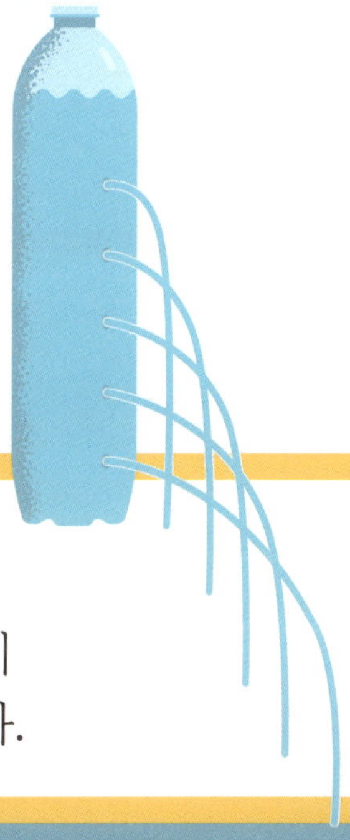

누르는 힘이 셀수록 압력도 높아져요.
그래서 병 위쪽에 있는 물보다 아래쪽에 있는 물이
압력을 더 크게 받아 아래쪽 물줄기가 더 세답니다.

함께 풀어 보아요

압력을 받는 물은 관 아래로는 물론 위로도 흐를 수 있어요.
맨 위의 수도관에서 아래쪽 수도꼭지까지 이어지는 올바른 길을
찾을 수 있나요?

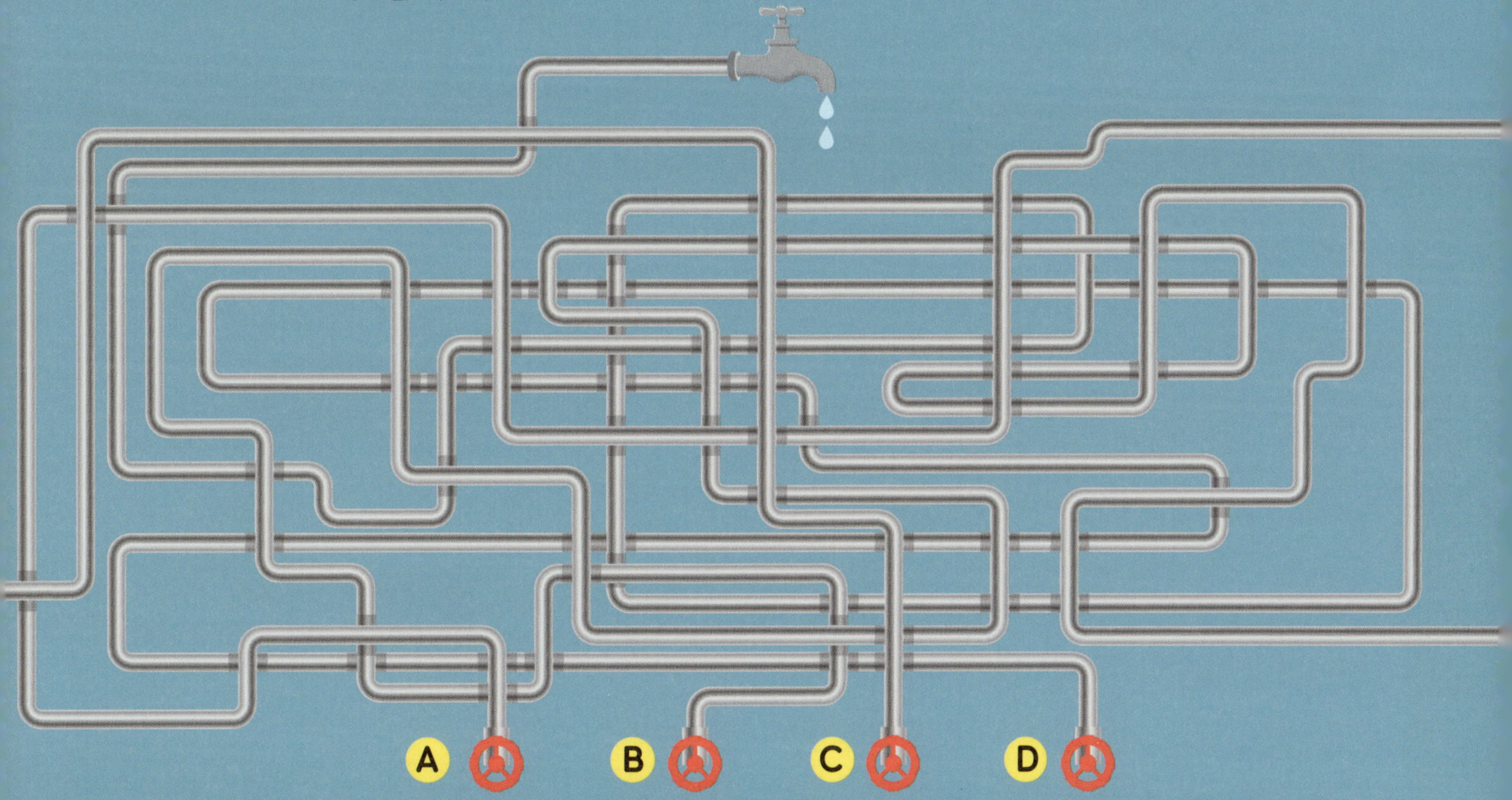

A B C D

정답은 책 뒤쪽에.

길을 평평하게 해요

여러분은 학교에 어떻게 가나요?
자동차를 타고 가나요? 버스를 타고 가나요?
자전거를 타고 가나요? 어떤 방법으로 가든
아주 오래된 공학 기술로 만들어 낸 '길'을
이용할 거예요.

처음에 길은 울퉁불퉁하고 질척거리는
흙길뿐이었어요. 이런 길로 무거운 짐을
끌고 가려면 힘이 많이 들었어요.
짐과 땅 사이에 마찰이 컸으니까요.
마찰은 서로 맞닿은 채 미끄러지는 표면
사이의 움직임을 방해하는 힘입니다.
이 마찰은 물체의 속도를 줄인답니다.

> 길이 울퉁불퉁하군!

↓ 옛날의 길

바퀴가 달린 탈것은 약 6천 년 전에
발명되었어요. 그 덕분에 짐을 옮기기가
쉬워졌지요. 바퀴는 굴러가니까 마찰을
줄여 줘요. 바퀴 안쪽과 바퀴가 연결된 축
(봉) 사이에는 마찰이 약간 있어요. 현대의
바퀴에는 베어링이라는 작은 부품이 마찰을
더 많이 줄여 주어요. 하지만 바퀴는 홈이나
진흙에 빠질 수 있었어요. 사람들이 매끄럽게
포장된 길을 만들면서 바퀴는 훨씬 더
효과적으로 쓰이게 되었답니다.

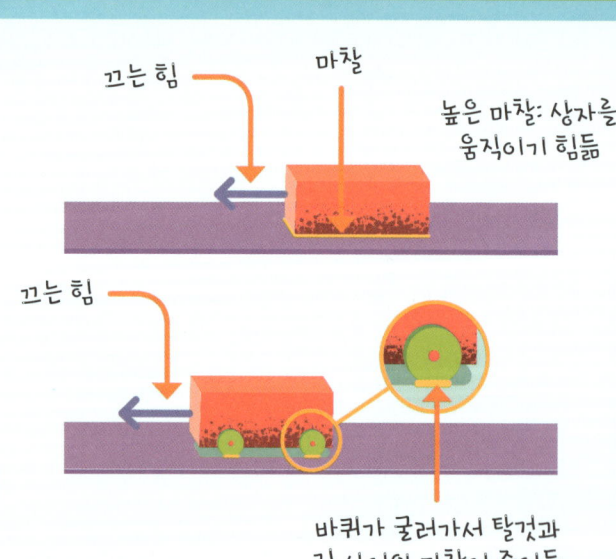

높은 마찰: 상자를 움직이기 힘듦

바퀴가 굴러가서 탈것과 길 사이의 마찰이 줄어듦

로마 도로

고대 로마인은 길 만들기 전문가였어요. 군인은 물론 물품을 쉽게 이동하도록 군대가 가는 곳마다 길을 만들었죠. 로마 도로는 점토, 백악, 자갈을 깔고 그 위에 크고 평평한 돌을 올려서 만들었어요. 길을 한쪽으로 약간 기울게 만들어 물이 가장자리로 빠지게 되어 있답니다.

불도저

현대의 도로는 중장비를 이용해 여러 층으로 만들어요. 불도저는 바닥의 흙을 밀고 긁어 평평하게 해서 바닥을 튼튼하게 해요. 롤러로는 자갈층을 평평하게 하지요. 도로의 맨 위층은 대개 아스팔트로 되어 있어요. 이 두껍고 끈끈한 물질에 열을 가해 넓게 펼쳐 롤러로 평평하게 하는 거예요.

1. 아스팔트 표면
2. 바닥
3. 자갈
4. 다져진 흙

준비물

- 도와줄 어른
- 얕은 오븐용 접시
- 부드러운 갈색 설탕
- 바닥이 평평한 유리컵
- 쌀로 만든 튀밥
- 납작한 비스킷
- 당밀
- 초콜릿
- 전자레인지용 그릇
- 평평한 칼

나만의 길 만들기

여러 층으로 된 도로는 튼튼하고 안정적이어서 시간이 지나도 푹 꺼지거나 갈라질 위험이 덜해요. 먹을 수 있는 재료로 나만의 층층 도로를 만들 수 있어요!

이렇게 만들어요

1 오븐용 접시의 바닥에 부드러운 갈색 설탕을 깔아요. 이것이 흙이 되는 거예요. 유리컵 바닥으로 설탕을 눌러 평평하게 만들어요.

설탕

쌀 튀밥

2 갈색 설탕 위에 쌀 튀밥을 펼쳐서 깔아요. 이것이 자갈이 되는 거예요.

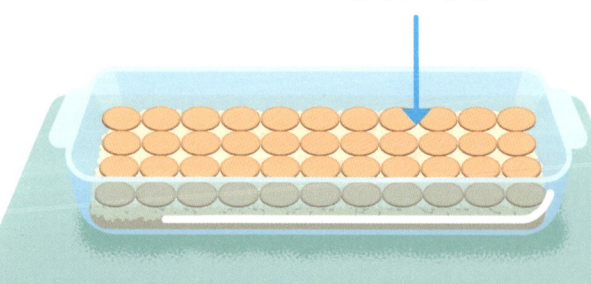

납작한 비스킷

3 로마식 도로를 만들고 싶다면 납작한 비스킷을 깔아 도로 걸면을 만들어요. 이것은 로마인이 사용했던 돌이 되는 거예요.

4 현대식 아스팔트 도로를 만들려면 쌀 튀밥 위에 당밀을 고루 발라 굳혀서 바탕을 만들어요. 초콜릿을 부숴 덩어리로 만든 뒤 어른의 도움을 받아 전자레인지에서 흐르는 상태가 될 때까지 녹여요(타지 않도록 주의해요). 이것을 당밀 위에 붓고 칼로 펼쳐서 매끈하게 만들어요. 다 굳으면 도로가 완성된 거예요!

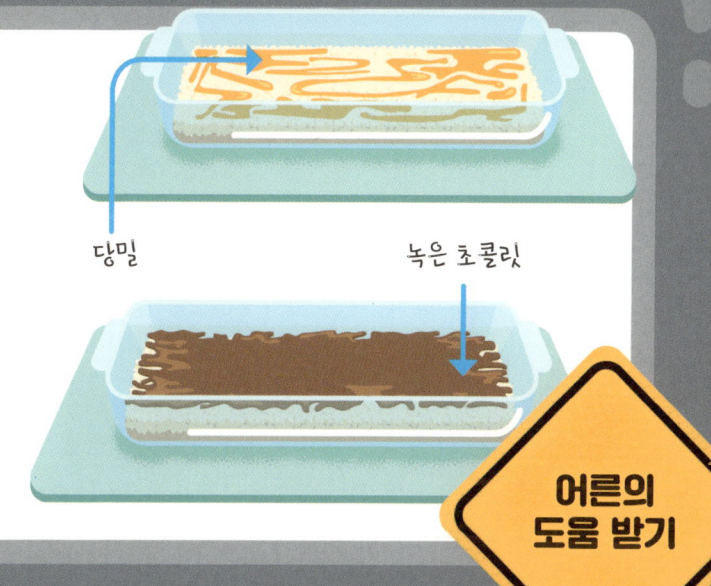

당밀

녹은 초콜릿

어른의 도움 받기

함께 풀어 보아요

현대의 아스팔트 포장 기계는 1분 만에 도로를 8미터 포장해요. 이 기계는 강력한 엔진과 바퀴를 이용해 굴러가지요.
호퍼는 아스팔트를 담고, 컨베이어벨트는 새로운 도로의 겉면으로 그것을 운반해요. 스크리드는 아스팔트를 평평하게 펴 주어요.
아래 아스팔트 포장 기계 두 대에서 서로 다른 곳 다섯 군데를 찾을 수 있나요?

정답은 책 뒤쪽에.

멈춰, 이제 출발!

등굣길에 신호등을 만나면 멈춰야 해요. 이 전자 신호는 보통 프로그램 된 명령에 따라 자동으로 작동한답니다.

두 도로가 만나는 교차로에는 신호등이 적어도 네 개 있어요. 신호등은 둘 중 한 도로의 방향을 보며 서 있지요. 모든 신호는 함께 작동해야 해요. 한 도로의 신호등이 초록불이 되면 맞은편 도로의 신호등은 빨간불이 되어야 하니까요. 그렇지 않으면 큰 사고가 일어나죠!

가장 단순한 신호등 시스템은 타이머를 이용해요. 신호등은 일정 시간 초록불이 켜지도록 프로그램 되어 있고, 그동안 다른 신호등은 빨간불이 켜지지요. 시간이 되면 초록불은 노란불이 되었다가 빨간불로 바뀌어요. 다른 방향의 신호등은 초록불로 바뀌고요. 이 순환이 끝나면 다시 처음부터 반복하게 된답니다.

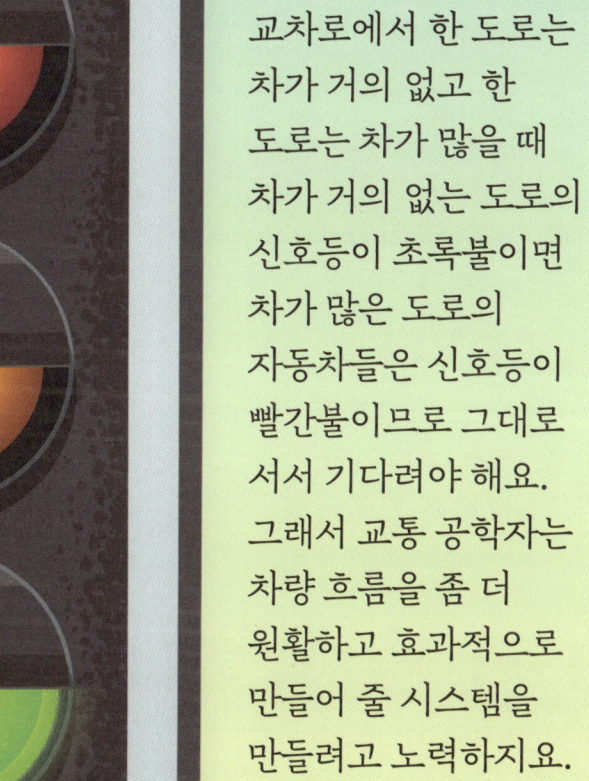
센서

교차로에서 한 도로는 차가 거의 없고 한 도로는 차가 많을 때 차가 거의 없는 도로의 신호등이 초록불이면 차가 많은 도로의 자동차들은 신호등이 빨간불이므로 그대로 서서 기다려야 해요. 그래서 교통 공학자는 차량 흐름을 좀 더 원활하고 효과적으로 만들어 줄 시스템을 만들려고 노력하지요.

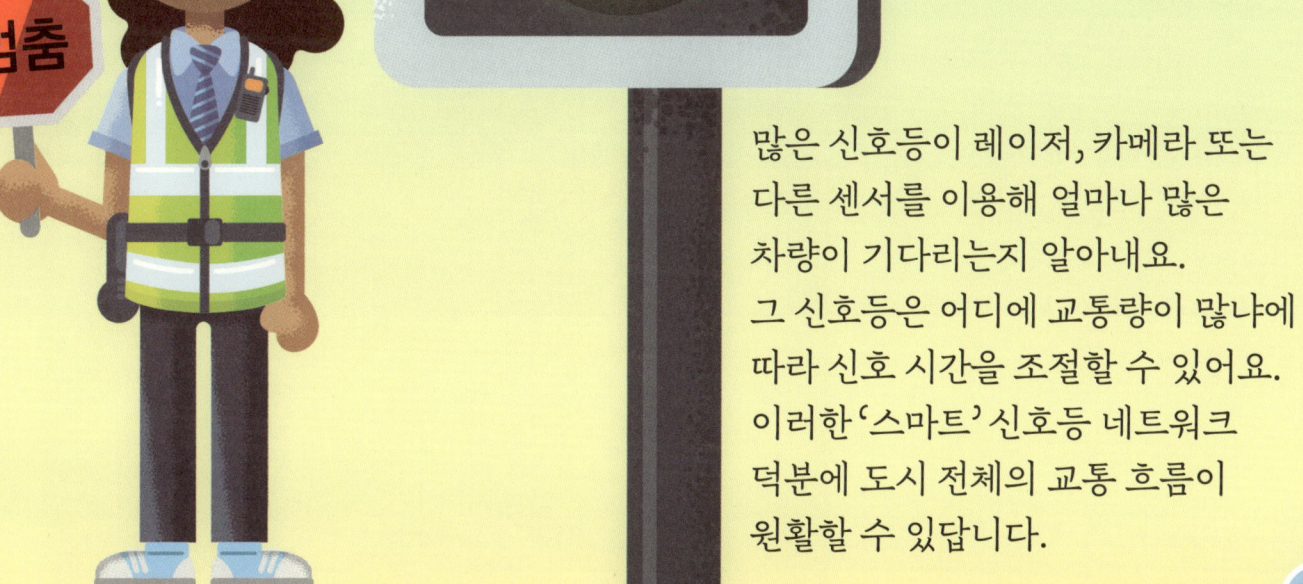

많은 신호등이 레이저, 카메라 또는 다른 센서를 이용해 얼마나 많은 차량이 기다리는지 알아내요. 그 신호등은 어디에 교통량이 많냐에 따라 신호 시간을 조절할 수 있어요. 이러한 '스마트' 신호등 네트워크 덕분에 도시 전체의 교통 흐름이 원활할 수 있답니다.

신호등 프로그램 만들기

준비물
- 연필과 종이
- 컴퓨터 명령어(아래 상자 참조)

명령어
빨간불 켜기
빨간불 끄기
노란불 켜기
노란불 끄기
초록불 켜기
초록불 끄기
15초 기다리기
10초 기다리기
5초 기다리기
처음부터 반복하기

상자 안의 명령어를 이용해 아래 교차로의 신호등이 함께 작동하도록 프로그램을 만들 수 있나요?

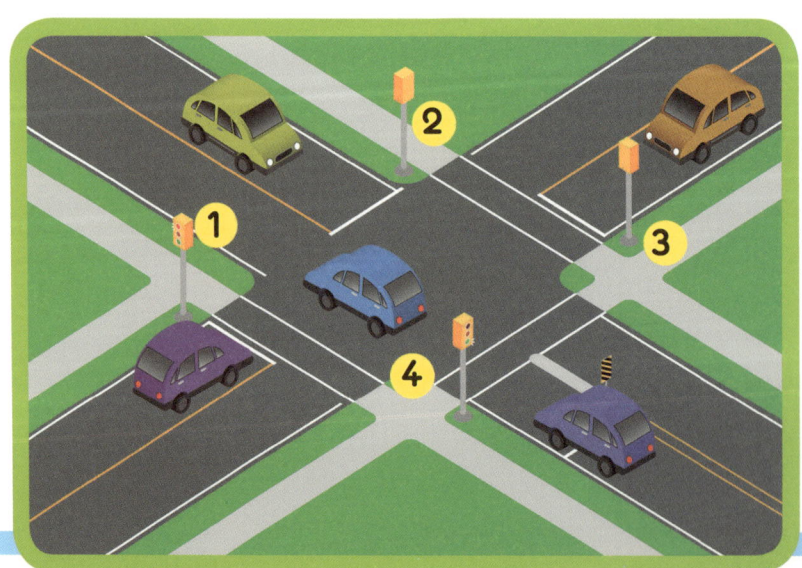

이렇게 만들어요

1 신호등 1과 3을 하나의 순서로, 신호등 2와 4를 다른 하나의 순서로 프로그램을 짜야 해요.

2 신호등 1과 3은 초록불로 시작해요. 10초가 지나면 초록불이 꺼지고 노란불로 바뀌어요. 다시 5초가 지나면 빨간불로 바뀌어요.

3 사고를 막기 위해 신호등 1과 3이 초록불일 때 신호등 2와 4는 빨간불이어야 해요. 그러므로 신호등 2와 4는 빨간불부터 켜지고 10초간 그대로 머물러요. 그런 다음에는 마찬가지로 노란불이 켜져요. 5초간 두 불이 같이 켜졌다가 꺼지고 초록불로 바뀌어요.

4 종이에 줄을 긋고 한쪽에는 '신호등 1과 3', 다른 쪽에는 '신호등 2와 4'라고 적어요.

5 상자 안의 명령어를 하나씩 적어 신호등 순서를 정해요. 명령어는 여러 번 쓸 수 있어요.

함께 풀어 보아요

다음은 어느 작은 도시의 지도예요. 지도는 차량이 많은 도로일수록 넓게 그려졌어요. 신호등은 차량이 많은 도로가 만나는 지점에 가장 많아요. 여러분이 신호등 시스템을 설계한다면 신호등을 어디에 둘까요? 지도에 그려 보세요.

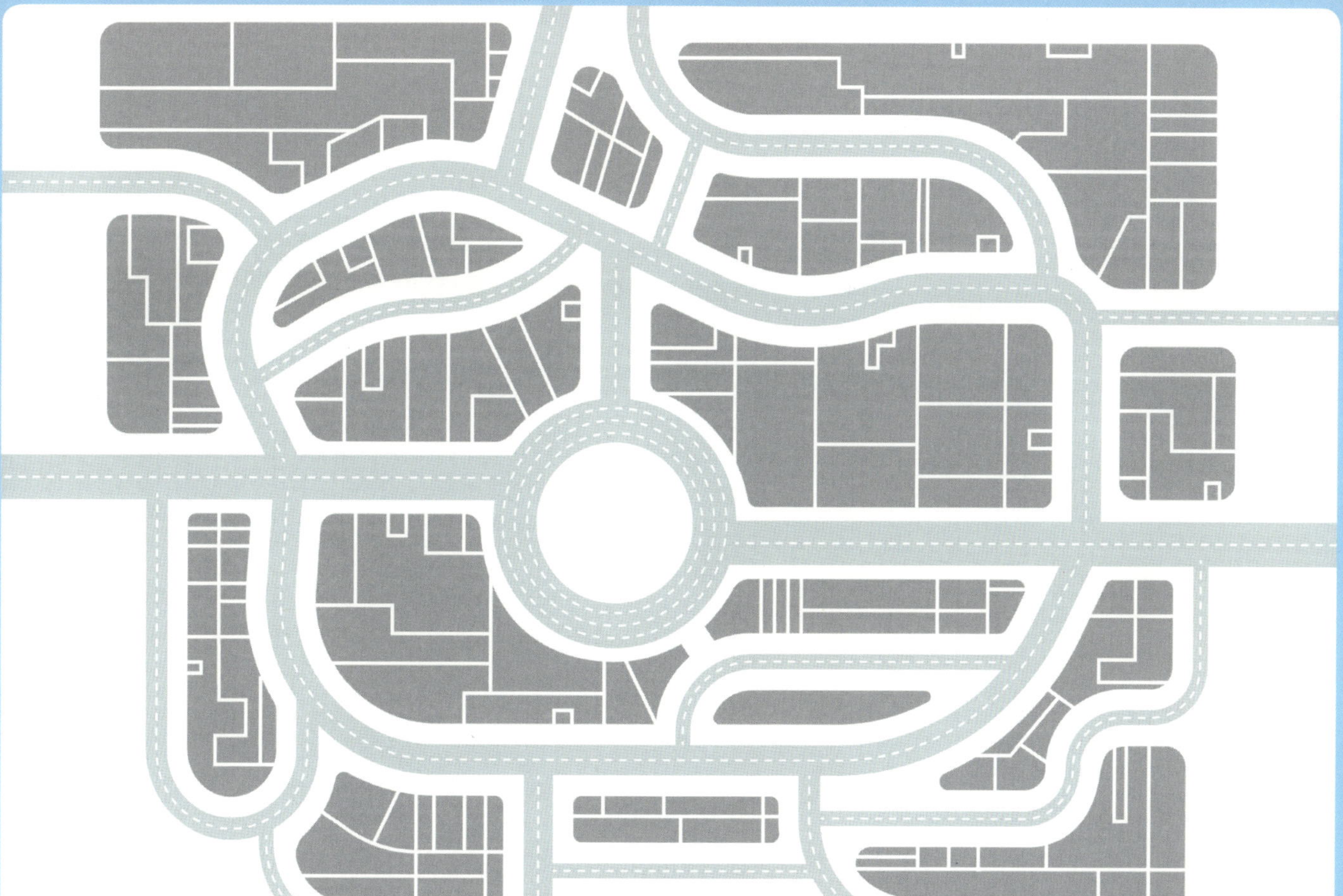

정답은 책 뒤쪽에.

여러 가지 모양의 다리들

다리나 고가도로로 교차하는 도로도 있어요. 이런 구조물은 무거운 차량의 무게를 지탱할 만큼 튼튼해야 해요.

처음에 놓은 다리는 아주 단순했어요. 통나무나 길고 평평한 물체를 물 위에 가로질러 놓았지요. 몸체가 들보로 된 이런 다리를 형교라고 해요.

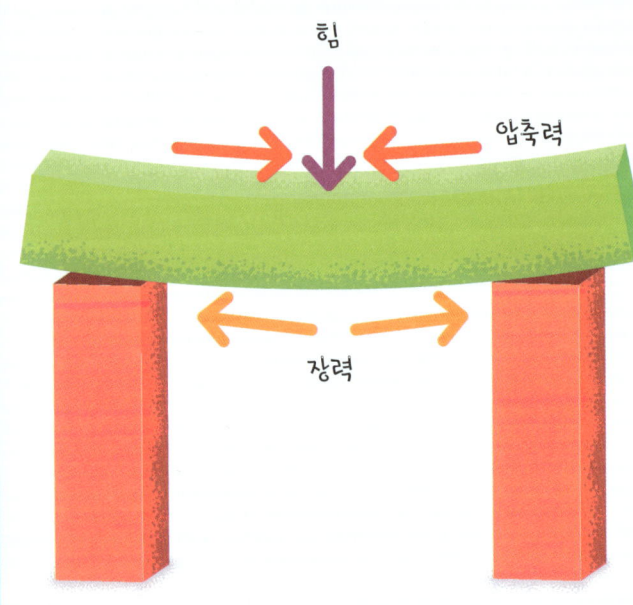

기둥 사이 거리가 먼 형교에는 교각이라고 하는 지지대가 더 있어요. 교각을 이어 주는 물체를 빔이라고 해요. 교각은 빔을 건너는 모든 것의 무게를 지탱하지요.

다리 가운데에 무거운 물체를 올려놓으면 다리는 견디기 어려워요. 물체가 누르는 힘 때문에 빔 윗면은 짓누르는 힘인 압축력을 받아 안으로 휘어요. 이와 동시에 빔 밑면은 당기는 힘인 장력을 받아 밖으로 휘고요. 지탱하기 어려운 무게가 누르면 빔은 찌그러지고 부러질 거예요.

다리를 설계할 때 공학자는 경간 (다리의 기둥과 기둥 사이)의 길이와 버틸 수 있는 무게를 헤아려요. 현대식 다리는 거의 형교랍니다. 대부분 강철을 보태 튼튼하게 한 콘크리트로 만들지요. 이 튼튼한 재료는 빔이 압축력과 장력을 견딜 수 있게 해 줘요.

형교는 빠르고 쉽게 만들 수 있지만 긴 경간을 이을 만큼 튼튼하지 않아.

긴 다리에는 아치가 더 많이 필요해!

고대 로마인은 아치를 이용해 다양한 다리를 놓았어요. 다리 위에 무엇이 올라가든 아치의 튼튼한 두 다리가 무게를 받쳐 주지요. 이런 설계는 아치가 너무 크지만 않다면 매우 안정적이에요. 로마인은 작은 아치들을 이어 긴 다리를 놓았답니다.

나만의 다리 놓기

준비물
- A4 크기 카드(시리얼 상자 등을 잘라 만든) 여러 장
- 교각을 만드는 데 사용할 블록이나 책들
- 동전이나 그 밖에 무게가 나가는 물건들
- 테이프
- 연필과 종이

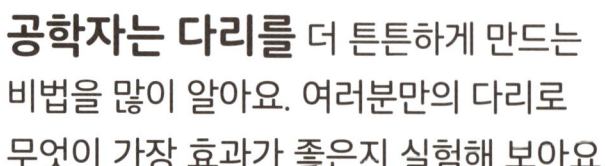

공학자는 다리를 더 튼튼하게 만드는 비법을 많이 알아요. 여러분만의 다리로 무엇이 가장 효과가 좋은지 실험해 보아요.

이렇게 만들어요

1 블록이나 책을 똑같은 더미로 두 개 쌓아 교각을 만들어요. 두 더미를 A4 카드 한 장을 올려놓을 정도의 간격으로 놓아요.

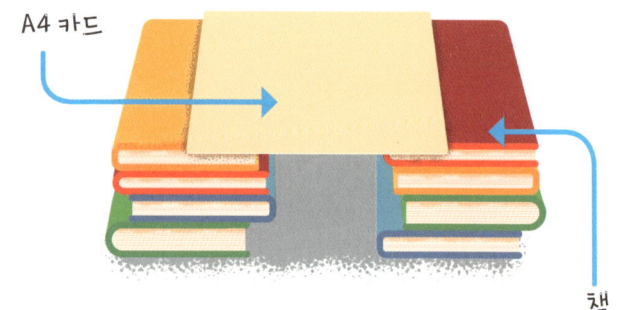

A4 카드

책

동전

2 카드 한 장을 교각 위에 올려 다리를 만들어요. 카드가 떨어질 때까지 동전을 올려요. 동전을 몇 개까지 버티는지 적어요.

3 다리를 더 튼튼하게 만드는 방법을 실험해 보아요. 카드를 여러 장 올리거나, 카드의 가장자리를 접어 벽을 만들거나, 카드로 만든 아치로 빔을 지탱하게 하거나, 교각의 간격을 좁혀 볼 수 있어요. 서로 다른 교각에 카드를 올리고 카드가 떨어질 때까지 동전을 올려요.

어떤 방법이 가장 효과가 좋았나요? 다리를 더 튼튼하게 만드는 또 다른 방법을 생각해 볼 수 있나요?

 **함께 풀어 보아요**
다음은 주로 만드는 다리 종류예요.
설명에 해당하는 다리를 짝지을 수 있나요?

형교는 두 교각 사이에 빔을
올려 만들어요.

트러스교는 튼튼한 삼각형으로
만들어진 트러스로 차량의 무게를
지탱해요.

아치교는 튼튼한 곡선의
아치를 이용해 무게를
지탱해요.

현수교에는 긴 케이블로 연결된
높은 탑이 있어요. 주 케이블에서
늘어진 다른 케이블이 다리 상판을
지지해요.

사장교에는 탑과 케이블이 있으며
케이블마다 탑에서 다리 상판까지
직접 연결되어요.

정답은 책 뒤쪽에.

튼튼하고 안전한 건물

우리는 학교에 도착하면 교실로 들어가요. 공학자는 학교를 설계하는 일을 도와 건물을 튼튼하고 안전하고 효율적으로 짓는답니다.

모든 일은 계획을 먼저 세워야 해!

학교 같은 건물을 설계하는 것은 대단한 일이에요. 교실, 교무실, 화장실 등을 만드는 것 말고도 할 일이 아주 많지요. 건축 설계사는 계단, 벽, 전기 시스템까지 건물에 필요한 모든 것을 설비할 방법을 찾아야 해요.

설계사는 먼저 건물을 짓는 데 필요한 모든 계획을 세워요.

건물에서 뼈대는 가장 중요한 부분이에요. 건물은 무거운 데다 아래로 끌어당기는 중력의 영향도 받아요. 튼튼한 뼈대는 벽, 바닥, 지붕을 지탱하는 데 도움을 줘요. 현대의 건물은 대부분 강철 뼈대를 갖추었답니다.

건물의 뼈대는 우리 몸을 떠받치는 골격과 같아!

구조 공학자는 건물에 작용하는 중력을 비롯한 여러 힘을 헤아려요. 지진이 일어나는 지역에 건물이 있다면 건물 뼈대는 부러지지 않고 흔들리기만 할 정도로 유연해야 해요. 구조 공학자 덕분에 우리 학교를 튼튼하고 안전하게 지을 수 있어요.

공학자는 건물의 각 부분에 맞는 올바른 재료를 선택해야 해요. 콘크리트 기초는 뼈대를 얹을 단단하고 튼튼한 바닥을 만들어 줘요. 유리창은 햇빛은 들되 열은 빠져나가지 않게 해 주지요. 벽에 넣는 단열재라 불리는 특수 재료는 건물을 적정 온도로 유지하는 데 도움을 줘요. 물길로 사용되는 구리 관은 녹이 슬지 않는답니다.

콘크리트

유리

구리

준비물

- 신문지 여러 장, 테이프
- 스테이플러(선택 사항)
- 종이 접시
- 동전 또는 기타 무게가 나가는 물건
- 도와줄 친구

스테이플러 주의!
조심!

삼각형 지지대를 이용해요!

구조 공학자는 힘이 센 삼각형을 자주 사용해요. 삼각형이 건물을 더 튼튼하게 만드는 데 어떻게 도움이 되는지 나만의 건물을 지으며 실험해 보아요.

이렇게 만들어요

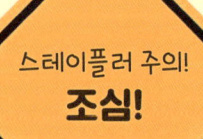

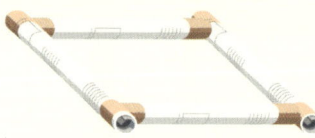

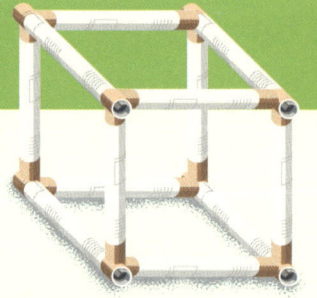

1 신문지를 굵기 2~3센티미터, 길이 20~25센티미터의 관 모양으로 말아 테이프로 고정해요. 관이 20개 정도 필요해요.

2 테이프나 스테이플러를 이용해 관 4개를 사각형 모양으로 연결해요. 똑같은 모양을 하나 더 만들어요.

3 첫 번째 사각형의 각 모서리에 관을 위로 향하게 하나씩 붙여요. 두 번째 사각형을 맨 위에 붙여 정육면체 모양으로 만들어요.

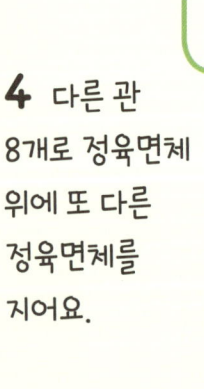

4 다른 관 8개로 정육면체 위에 또 다른 정육면체를 지어요.

동전 · 종이 접시

5 건물 위에 종이 접시를 올려놓고 그 위에 동전을 하나씩 올려요. 건물이 무너질 때까지 시간이 얼마나 걸리나요?

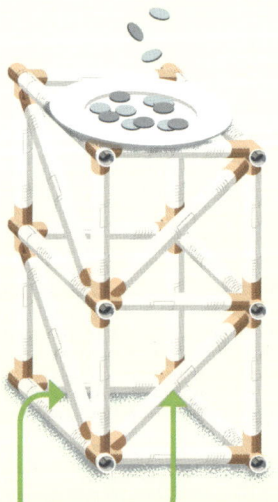

6 관 11개를 더 만들어요. 이번에는 건물의 사각형을 대각선으로 잇도록 길이가 좀 더 길어야 해요.

더 긴 관

7 관 한 개를 건물 바닥에 대각선 버팀대가 되도록 붙여요.

8 다른 관들도 버팀대가 되도록 붙여요. 건물 아래층과 위층의 사각형마다 버팀대가 하나씩 있어야 해요.

9 종이 접시를 건물 위에 올려놓고 동전을 하나씩 올려요. 이번에는 건물이 무너질 때까지 시간이 얼마나 걸리나요?

삼각형 지지대가 건물이 더 튼튼해지도록 도와준다는 사실을 알았을 거예요. 삼각형 지지대는 실제 건물에도 자주 사용해요.

함께 풀어 보아요

여러분이 꿈꾸는 집을 설계해요. 방을 어떻게 만들고 싶은가요? 창문, 문, 전선, 배관 등은 어디에 설치할 건가요? 왼쪽 예시를 참조해 집의 앞모습과 평면도를 그려 보세요.

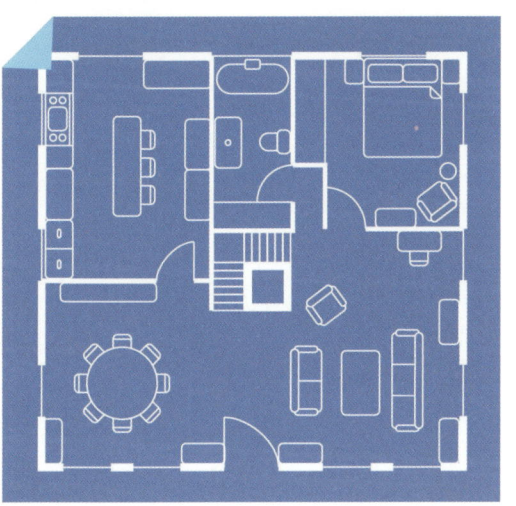

자전거는 멋져!

학교에 가지 않는 날 친구들과 가까운 공원에서 자전거를 타요. 자전거는 단순하게 생겼지만 품위 있는 공학 작품이랍니다!

자전거는 튼튼한 뼈대, 두 바퀴, 페달, 체인, 손잡이로 이루어져 있어요. 이 디자인을 기본으로 포장된 도로를 달리기 좋은 자전거도 있고, 울퉁불퉁한 길에 알맞은 자전거도 있고, 묘기를 부리기에 좋은 자전거도 있어요. 공학자는 자전거 부품을 용도에 맞게 설계한답니다.

도로용 자전거는 포장도로를 달리기 알맞게 설계되었어요. 뼈대를 가벼운 재료로 만들어 속도가 잘 나지요. 핸들이 낮아서 타는 사람이 몸을 앞으로 숙인 채 공기를 쉽게 가를 수 있어요. 포장도로에서 타려고 타이어도 가늘고 가볍게 만들었어요.

산악자전거는 바위투성이 길에서도 잘 견디도록 강하게 만들었어요. 두껍고 울퉁불퉁한 바퀴는 구멍이 나거나 휘지 않고 충격을 잘 흡수하지요. 평평한 핸들은 방향을 잘 조절하게 해 주고, 자세를 바르게 잡아서 앞을 잘 보게 해 줘요. 또 많은 기어가 언덕을 더 쉽게 넘도록 해 준답니다.

이것 봐!

산악자전거의 앞바퀴는 충격을 흡수해 안정적으로 달리도록 돕는 부품인 서스펜션 포크에 달려 있어요.

묘기 부리기 좋게 만든 BMX 자전거는 작고 가볍고 강해요. BMX 자전거는 무게를 줄이려 기어나 서스펜션이 없고 단순한 브레이크만 있는 것도 많아요. (브레이크가 아예 없는 것도 있어요!) 바퀴 축에 묘기 부리기 좋은 스턴트 페그가 달린 자전거도 많답니다.

페달과 기어와 체인

준비물
- 기어가 달린 자전거
- 연필과 종이
- 도와줄 친구

조심! 기어에 손가락을 넣지 마세요.

자전거의 기어와 체인은 페달에서 받은 힘을 뒷바퀴로 전달해요. 크기가 다른 기어 두 개가 연결되어 있어 바퀴가 돌아가는 속도를 조절할 수 있어요.

이렇게 만들어요

1 자전거의 기어를 살펴보아요. 페달이 달린 곳에 크기가 다른 톱니바퀴가 두 개 이상 있을 거예요. 톱니바퀴의 톱니 수는 다 달라요. 뒷바퀴 축에는 크기가 서로 다른 톱니바퀴가 더 많아요.

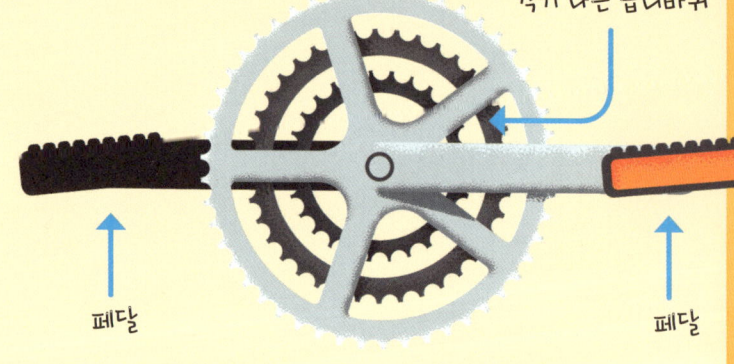

각기 다른 톱니바퀴

페달

2 자전거 기어를 1단에 맞춰요.

3 친구의 도움을 받아 자전거를 거꾸로 놓아요. 좌석과 핸들로 자전거를 받쳐 페달과 바퀴가 자유롭게 굴러가게 해요.

거꾸로 놓기

4 친구에게 뒷바퀴가 돌아가는 횟수를 세어 달라고 하고 페달을 다섯 번 돌려요. (공기 주입 밸브가 돌아가는 것을 보면 횟수를 세기가 쉬워요.) 여러분이 페달 돌리기를 멈추면 친구도 수 세기를 멈추어야 해요. 결과를 적어요.

페달 돌리기

5 기어를 2단으로 바꾸고 이 과정을 3~4번 반복해요.

6 이어서 남은 기어를 실험한 다음 결과를 비교해요.

톱니 수가 많은 페달의 톱니바퀴가 톱니 수가 적은 뒷바퀴의 톱니바퀴와 결합하면 뒷바퀴는 빨리 돌지만 힘은 덜해요. 뒷바퀴를 더 큰 톱니바퀴로 바꾸면 바퀴가 도는 속도는 느려지지만 힘은 더해집니다.

 함께 풀어 보아요

다음 사람들은 자전거를 타고 어디로 갈까요? 길을 따라가 이들이 어디로 가는지 알아보아요.

정답은 책 뒤쪽에.

지렛대와 도르래의 원리

체육공원에서 시소나 짚 와이어를 타 본 적이 있나요? 둘 다 중력과 단순 기계의 조합을 이용해 우리를 즐겁게 해 주는 놀이 기구예요!

올라갔으면 내려갈 차례!

받침점

고정된 막대

시소는 일종의 지렛대예요. 지렛대는 고정된 막대와 받침점이라 불리는 중심점 두 부분으로 이루어져 있어요. 막대는 균형을 잡거나 받침점을 중심으로 해서 회전하지요. 시소를 탈 때는 막대 위에 앉게 돼요. 막대의 한쪽 끝을 내리누르면 다른 쪽 끝은 올라간답니다.

단순 기계는 우리가 물체를 이동하거나 들 수 있도록 도와줘요. 이런 기계는 받은 힘(미는 힘 또는 당기는 힘)의 방향을 바꾸거나, 힘이 더 세게 하거나, 작용하는 거리를 늘리기도 해요. 지렛대와 도르래는 단순 기계랍니다.

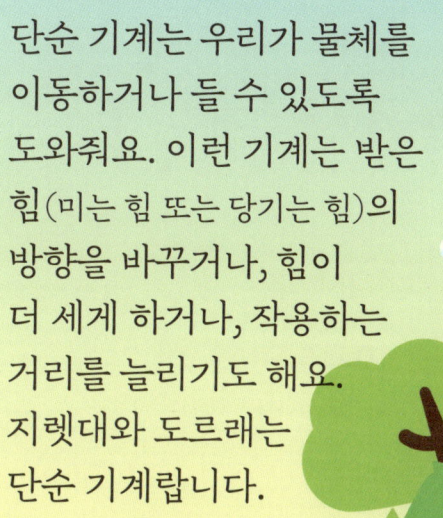

짚 와이어는 튼튼한 강철 케이블을 따라 굴러가는 도르래를 이용해 만들었어요. 출발점은 항상 끝나는 지점보다 더 높아요. 중력을 이용하기 때문이죠. 짚 와이어를 타면 중력이 우리를 땅 쪽으로, 가장 높은 지점에서 가장 낮은 지점으로 끌어당기는 거예요.

케이블을 따라 미끄러져 내리는 모든 것은 마찰을 일으켜요. 도르래는 마찰을 줄여 더 빨리 미끄러지게 해 주지요. 도르래는 테두리에 케이블을 거는 홈이 파인 바퀴예요. 그 홈이 케이블을 따라 굴러 내려가는 도르래의 바퀴를 잡아 주어요. 짚 와이어의 의자는 도르래에 매달려 있어요. 의자를 가장 높은 지점으로 끌어당겨 앉고 나면 나머지는 중력이 알아서 해 줄 거예요!

준비물
- 치실이나 낚싯줄
- 종이컵 1개
- 구부러지는 빨대 2개
- 테이프
- 가위
- 클립 1개
- 동전 또는 무게가 나가는 작은 물건

나만의 짚 와이어 만들기

짚 와이어를 만들 때 도르래가 꼭 필요하지는 않아요. 매끈한 줄과 거기에 매달 단단하고 매끄러운 무언가가 있으면 마찰을 줄일 수 있어요.

이렇게 만들어요

1~2미터 / 의자나 테이블

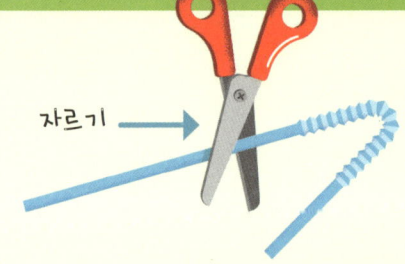

자르기

1 치실이나 낚싯줄을 1~2미터 길이로 잘라요. 줄 양 끝을 의자나 테이블 같은 고정된 물체에 묶거나 붙여요. 이때 한쪽 끝이 다른 쪽 끝보다 높아야 해요.

2 빨대의 입에 닿는 부분이 더 긴 반대쪽 부분에 닿도록 구부려요. 가위로 주름진 부분의 양쪽 '팔'의 길이가 같게 잘라요. 다른 빨대도 똑같이 해요.

3 구부린 빨대들을 종이컵 양쪽에 손잡이 모양으로 붙여요.

테이프

자르고 남은 빨대

4 자르고 남은 빨대 중 하나를 막대로 삼아 두 손잡이를 연결해 테이프로 고정해요.

클립

5 클립을 구부려 막대를 걸 고리를 만들어요.

동전

6 컵에 동전을 넣고 줄의 맨 꼭대기에 걸어요.

7 컵을 놓고 얼마나 빨리 움직이는지 지켜봐요!

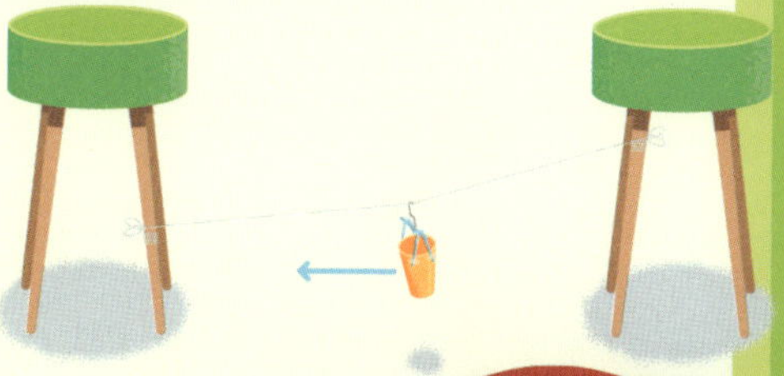

무게나 줄의 각도를 다르게 해서 더 실험해 볼 수도 있어요. 이때 컵이 더 빨리 움직이나요?

🧩 함께 풀어 보아요

점들을 이어 짚 와이어에 누가 탔는지 알아보아요!

정답은 책 뒤쪽에.

즐거운 간식 시간!

학교 수업이 모두 끝나면
간식을 먹고 싶어 집에 오자마자
냉장고 문을 열 거예요.
냉장고는 음식을 신선하게
보관해 주는 아주 중요한 일을
한답니다.

냉장고는 배관 시스템을 통해 흐르는
가스를 이용해 안에 든 음식을 시원하고
신선하게 해 줘요. 꼭 닫히는 문은 더운
공기가 들어가지 않게 막아 주지요.

곰팡이 핀 빵

곰팡이 핀 토마토

음식을 냉장고에 넣지 않고 밖에 그대로 두면 세균과
곰팡이가 자라요. 이 작은 생물을 먹게 되면 아플
수도 있어요. 온도가 낮으면 세균과 곰팡이가 자라고
재생하는 속도가 훨씬 느려져요. 음식을 냉장고에
보관하면 세균과 곰팡이가 빨리 자라지 않지요.
그래서 음식을 더 오래 신선하게 해 준답니다.

기체는 분자라는 작은 입자로 이루어져 있어요. 기체가 압축되면(좁은 공간에 처박히면), 더 좁은 공간에 더 많은 분자가 밀려들어 뜨거워지고 액체로 변해요. 이 액체가 팽창하게(널리 퍼지게) 되면 다시 식어서 기체로 되돌아가요.

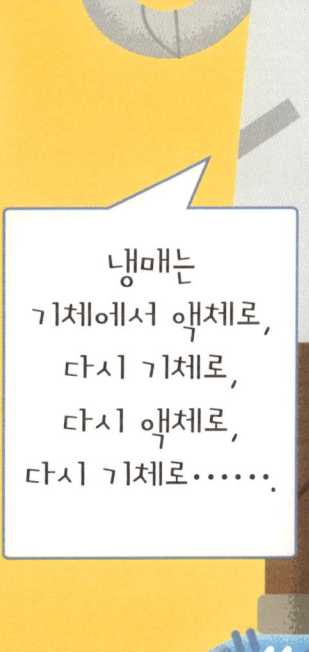

냉매는 기체에서 액체로, 다시 기체로, 다시 액체로, 다시 기체로······.

1 액체 상태의 냉매가 냉장고로 들어가며 밸브를 통과해요. 압력이 낮아지며 액체는 시원한 기체로 바뀌어요.

2 관 속의 기체가 열을 흡수하며 냉장고 안에서 흘러요.

3 냉장고 밖으로 나온 냉매를 압축기가 고온·고압의 기체로 압축해요.

4 냉장고 뒤쪽의 관들에서 냉매는 열을 일부 내보내며 다시 액체 상태가 돼요. 이 과정이 처음부터 다시 반복되지요.

음식을 시원하게

준비물
- 음료수병을 넣을 만한 테라코타 화분
- 테라코타 화분을 넣을 만한 (약 2센티미터 간격을 두고) 화분
- 모래
- 점토나 점착제
- 물뿌리개
- 행주

액체가 기체로 변하는 현상을 증발이라고 해요. 물이 증발할 때는 주변이 시원해져요. 이러한 원리를 이용해 음료수를 시원하게 해요!

이렇게 만들어요

1 화분 밑에 구멍이 있다면 점토나 점착제로 막아요.

점착제

2 큰 화분에 모래를 1~2센티미터 두께로 깔아요.

모래

찬물

3 작은 화분을 큰 화분에 넣은 다음 둘 사이의 틈을 모래로 화분 위까지 채워요.

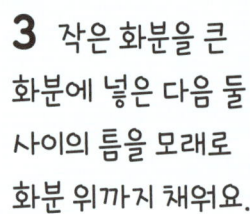

모래로 채우기

4 물뿌리개에 찬물을 담아 모래에 골고루 뿌려 축축해지게 해요.

5 행주를 적셔 짠 다음 화분들을 덮어요.

젖은 행주

6 1~2시간 뒤 음료수병을 화분 안에 넣고 다시 행주를 덮어요.

7 다시 1~2시간이 지난 뒤 음료수를 확인해요.

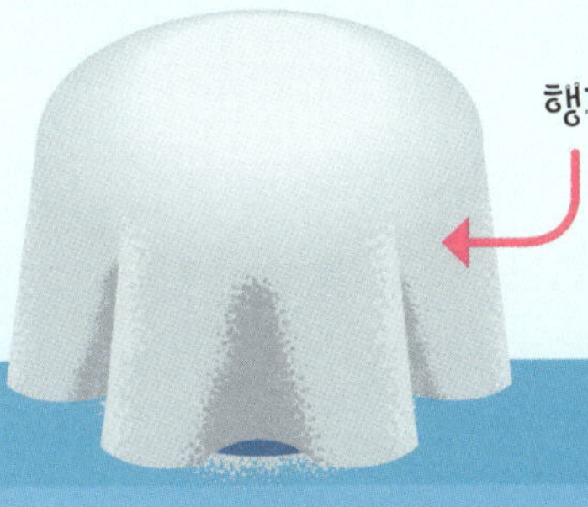

← 행주

모래와 행주의 수분이 증발하면서 주변의 공기가 시원해지고 음료수까지 시원해지는 거예요!

꿀팁! 채소는 채소 보관실에 보관하면 더 오래 신선해.

함께 풀어 보아요

어떤 음식은 냉장, 어떤 음식은 냉동이 필요하고 바나나처럼 냉장고에 넣지 않는 편이 좋은 음식도 있어요. 냉장고에 무엇을 보관하고 싶은가요?

청소를 쉽고 깨끗하게

간식을 먹고 나서 식탁을 닦아 본 적이 있을 거예요. 비누와 세정제 스프레이가 있으면 일을 더 쉽게 할 수 있답니다.

세정제는 다양한 곳에 쓰여요. 세균을 죽이는 것도 있고, 물 때문에 생기는 하얀 자국을 없애는 것도 있고, 기름때를 제거하는 것도 있지요. 화학 공학자는 이러한 용품들을 주의 깊게 만들어 내요. 화학 물질을 다양하게 섞어서 말이에요. 화학 공학자는 효과가 강력하면서도 사용하기에 안전한 화학 물질을 선택해야 한답니다.

이 세 가지를 섞어서 만든 세정제가 많아!

세정제에 들어 있는 화학 물질은 여러 종류로 나뉘어요. 용매는 어떤 물질을 녹이는 물질이에요. 세제는 기름때와 먼지를 분해해 없애지요. 계면 활성제는 세정제가 잘 퍼지고 잘 스며들도록 해 주고요. 빌더라는 화학 물질은 계면 활성제가 자기 일을 잘하도록 돕는답니다.

물에 녹는 물질에는 pH라는 값이 주어져요. pH의 범위는 0부터 14까지예요. 그냥 물은 pH가 7로 한가운데에 오지요. 7보다 값이 낮은 물질을 산성이라 하고, 높은 물질을 염기성이라고 해요. 강한 산성 물질이나 강한 염기성 물질(매우 높거나 낮은 수)은 피부에 화상을 입힐 수 있답니다.

pH가 7인 물은 중성이라고 해. 이는 산성도 염기성도 아닌 상태야.

세정제에 들어 있는 화학 물질 가운데 일부는 매우 강한 산성이나 강한 염기성을 띠어 피부에 자극을 줄 수 있어요. pH가 7에 가까운 물질은 비교적 순하지요. 사람들은 베이킹소다(염기성)나 식초(산성) 같은 천연 물질로 청소해요. 이것들은 깨끗하게 청소해 줄 뿐만 아니라 안전하답니다.

쓱싹쓱싹!

헌 동전을 반짝반짝하게

준비물
- 오래돼서 칙칙해진 동전 8개
- 유리컵 또는 플라스틱 컵 4개
- 콜라
- 물
- 식초
- 소금
- 주방용 세제
- 키친타월
- 낡은 칫솔 (쓰고 버릴 것)
- 연필과 종이
- 플라스틱 숟가락

반짝반짝!

동전은 처음에는 반짝반짝 빛이 나지만 나중에는 칙칙해져요. 어떻게 하면 동전을 다시 반짝이게 할까요?

이렇게 만들어요

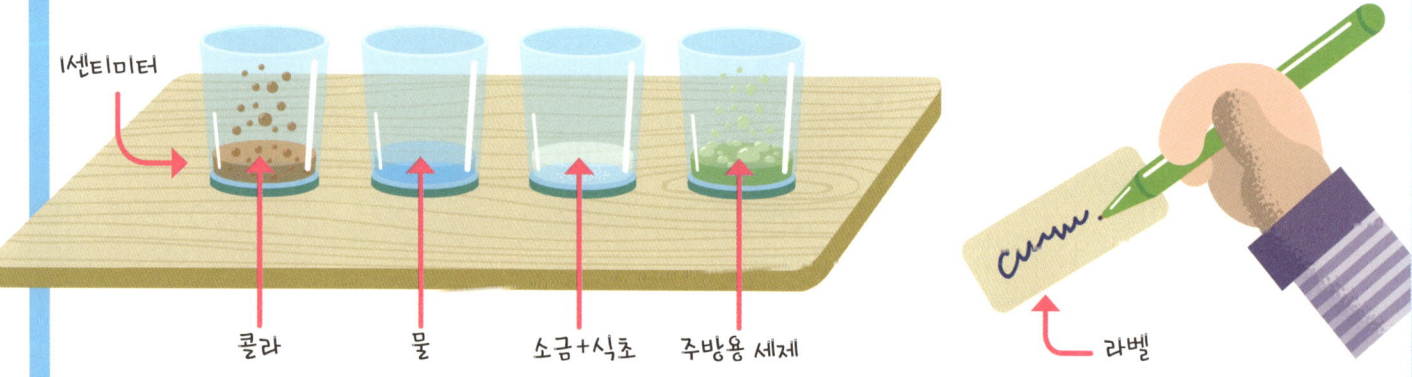

1센티미터 / 콜라 / 물 / 소금+식초 / 주방용 세제 / 라벨

1 콜라, 물, 소금 한 꼬집을 넣은 식초, 한 번 펌프질한 분량의 주방용 세제를 섞은 물을 컵마다 1센티미터 정도 담아요.

2 컵마다 무엇이 들었는지 알 수 있도록 라벨을 붙여요.

3 컵마다 동전을 2개씩 넣고 하룻밤 동안 그대로 두어요.

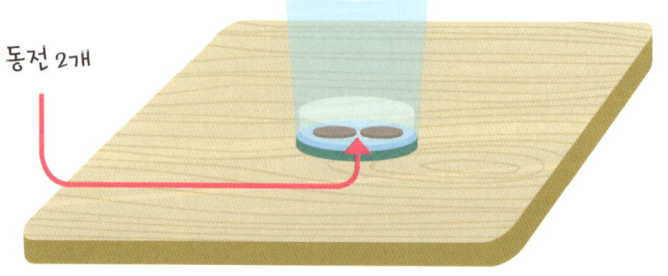

동전 2개

46

4 숟가락으로 동전을 건져요. 동전을 칫솔로 닦은 뒤 물에 헹궈 키친타월에 올려 말려요. 각 동전을 무엇으로 닦았는지 라벨로 구분한 다음 손을 씻어요!

어떤 물질에 넣어 둔 동전이 가장 반짝이나요? 화학 물질은 대부분 특정 얼룩에서만 제 기능을 발휘해요. 주방용 세제는 기름때가 묻은 그릇은 닦지만 동전을 깨끗하게 하지는 못하지요. 산화구리라는 화학 물질이 동전을 칙칙하게 하는데, 이것이 약산성 물질과 소금의 혼합물에 녹아 동전이 반짝반짝해진답니다.

함께 풀어 보아요

수납장에는 다양한 세정제가 보관되어 있어요. (만지면 위험한 것도 있으니 어른의 허락 없이 만지면 안 돼요.) 그림에서 짝이 없는 세제는 딱 하나예요. 찾을 수 있나요?

정답은 책 뒤쪽에.

플라스틱으로 놀기

저녁을 먹기 전 잠깐 노는 시간이에요. 우리가 가지고 노는 장난감은 대부분 플라스틱으로 만들어졌어요.

플라스틱은 처음 발명되었을 때 마법의 물질처럼 보였어요. 가볍고 튼튼한 데다 색을 입히거나 모양을 잡기가 쉬웠거든요. 플라스틱 공학자는 다양한 플라스틱을 개발했어요. 오늘날 플라스틱은 창문과 작동 완구에서 폼의자와 쿠션에 이르기까지 쓰이지 않는 곳이 없답니다.

플라스틱

모든 물질은 원자라는 가장 작은 단위로 이루어져 있고 원자들이 결합해 분자를 이루어요. 플라스틱은 폴리머라는 일종의 분자로 만들어요. 폴리머는 원자들(보통 탄소, 수소, 산소, 황과 질소)이 긴 사슬을 이루지요. 똑같은 객차 여러 칸이 이어진 기차처럼 패턴이 반복된답니다.

폴리머 분자

공과 막대 모형은 분자 구조의 생김새를 잘 보여 주지.

플라스틱 책상
튼튼한 플라스틱 의자
플라스틱 자
유연한 플라스틱 섬유

폴리머 분자의 형태는 그 폴리머의 성질에 영향을 주어요. 부드럽고 잘 휘는 폴리머가 있는가 하면 단단하고 강한 폴리머도 있지요. 화학 공학자는 용도에 딱 맞는 폴리머를 개발하도록 돕는답니다.

플라스틱은 대부분 여러 번 녹여서 다른 모양으로 만들 수 있어요. 이런 플라스틱은 재활용하기가 쉽지요. 하지만 열을 가해도 부드러워지지 않는 플라스틱도 있어요.

플라스틱은 쓰이지 않는 데가 없을 정도로 아주 쓸모 있어요. 하지만 많은 플라스틱이 한 번만 사용된 뒤 버려져요. 이때는 플라스틱의 강한 성질이 오히려 문제가 되는데, 플라스틱이 잘 썩지 않다 보니 플라스틱 폐기물은 계속 남아요. 그래서 플라스틱을 될 수 있는 한 많이 재활용하거나 처음부터 플라스틱을 덜 써야 환경에 도움을 줄 수 있어요.

집에 있는 일회용 플라스틱 물품을 다시 사용할 방법이 없을까?

플라스틱 공학자 되기

준비물
- 그릇
- 숟가락
- 우유 240밀리리터
- 식초 4큰술 (60밀리리터)
- 키친타월
- 체
- 쿠키 모양틀

고무를 비롯한 몇몇 폴리머는 자연에 있지만 대부분은 실험실과 공장에서 만들어져요. 우리도 주방에서 직접 플라스틱을 만들어 볼 수 있어요!

이렇게 만들어요

1 그릇에 우유를 붓고 식초를 넣은 다음 저어요. 그러면 걸쭉해지고 덩어리가 지기 시작해요.

젓기 / 우유

2 10분 정도 지난 뒤 싱크대에서 키친타월 한 장을 깐 체에 우유와 식초 혼합물을 부어요.

키친타월 / 체

3 물기가 완전히 빠질 때까지 몇 분간 그대로 둬요. 키친타월을 조심히 들어 다른 키친타월 위에 놓아요.

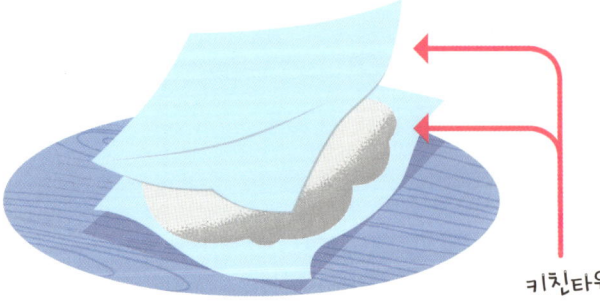

키친타월

4 키친타월 여러 장으로 '플라스틱'을 살살 눌러 물기를 흡수시켜요. 최대한 물기가 없게 해야 해요.

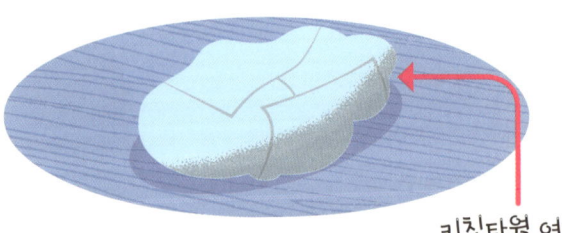

키친타월 여러 장

5 플라스틱을 주물러서 공 모양으로 만든 다음, 작업대 위에서 눌러 펼쳐요. 플라스틱이 납작해지면 쿠키 모양틀로 찍어요.

6 혼합물이 굳을 때까지 최소 하루 동안 그대로 둬요. 플라스틱 모형이 완성되었어요!

주무르기

납작하게 만들기

쿠키 모양틀

우유의 단백질 분자는 식초와 섞이면 카세인이라는 덩어리진 물질을 이루어요. 플라스틱을 발명한 초기에는 카세인으로 만든 플라스틱도 있었답니다.

함께 풀어 보아요

플라스틱은 종류에 따라 재활용 방법도 달라서 함께 버리면 안 돼요. 재활용이 가능한 플라스틱 물품에는 마크와 글자가 있어요. 여러분 집에서 재활용 마크가 있는 병, 포장지, 통을 찾아 오른쪽 표에 해당하는 것을 적어 보아요.

마크	
페트	
HDPE	
PVC	
LDPE	
PP	
PS	
OTHER	

저녁을 준비해요

부모님에게 직접 저녁 식사를 만들어 드린 적이 있나요? 그렇다면 여러분은 재료 공학자가 생각해 낸 조리 도구를 사용했을 거예요.

모든 재료에는 각기 다른 특징과 성질이 있어요. 딱딱한 것이 있고, 부드러운 것도 있고, 빛을 통과시키는 것과 차단하는 것도 있지요. 열과 전기를 전달하는 것도 있지만 그렇지 않은 것도 있고요. 재료 공학자는 재료의 성질을 바탕으로 쓰임에 가장 알맞은 재료를 찾아요. 기존의 재료를 수정하거나 완전히 새로운 재료를 만들어 내기도 한답니다.

냄비는 주로 음식을 담아 가열할 때 사용해요. 그러려면 냄비는 열을 전도하는 재료로 만들어야 해요. 알루미늄, 구리 같은 금속은 레인지의 열을 냄비에 든 음식까지 잘 전달해요.

불꽃과 가장 가까운 곳에 있는 금속의 원자들이 가장 먼저 가열되어요. 그 원자들이 위에 있는 원자들에 열에너지를 전달해 팬 전체가 뜨거워지는 거예요.

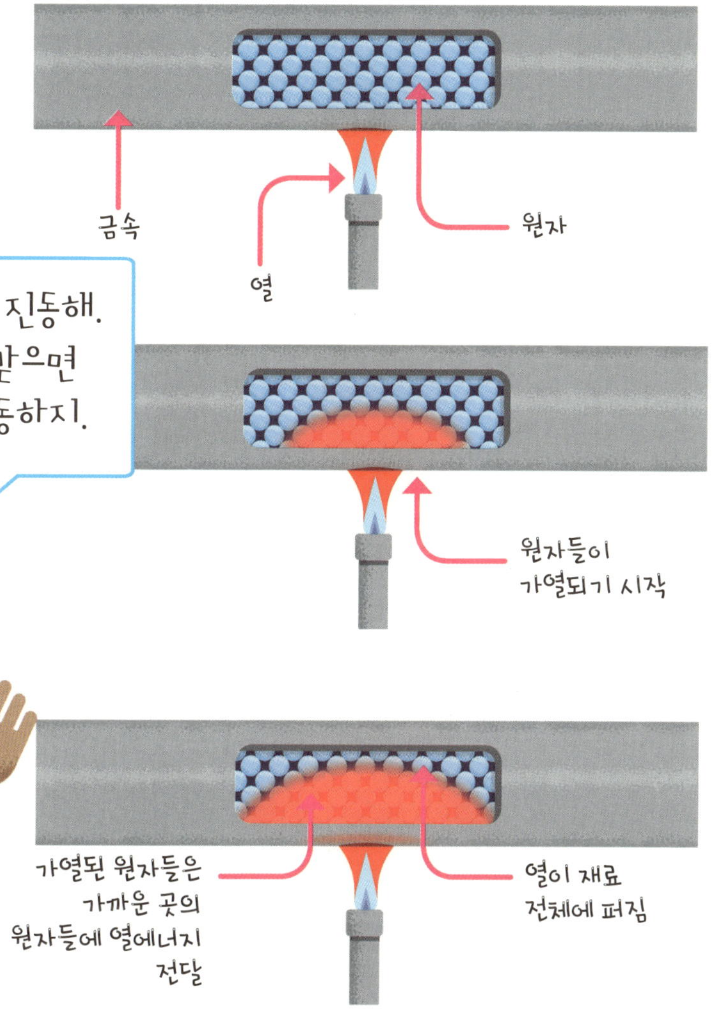

원자들은 항상 진동해. 그리고 열을 받으면 더 빠르게 진동하지.

금속 / 열 / 원자

원자들이 가열되기 시작

가열된 원자들은 가까운 곳의 원자들에 열에너지 전달

열이 재료 전체에 퍼짐

알루미늄 팬에 손을 대면 손에까지 열이 전달되어 손을 델 수 있어요. 그래서 손잡이는 열이 잘 전도되지 않는 재료로 만들어야 해요. 열이 잘 전도되지 않는 재료를 절연체라고 하지요. 플라스틱과 고무는 좋은 절연체예요. 냄비 손잡이는 대부분 손을 보호하려고 고무 코팅을 해요.

아야!

열이 전도되는 손잡이

고무 코팅은 열이 전도되지 않음

열을 전달하는 물질 찾기

준비물
- 도와줄 어른
- 작은 유리 볼 또는 도자기 볼
- 크기가 비슷한 숟가락 3개 (각각 금속, 나무, 플라스틱으로 된 것)
- 버터
- 냉동 완두콩 3알 (또는 크기가 똑같은 구슬)
- 칼
- 끓는 물

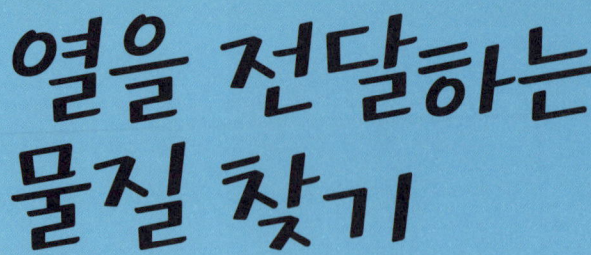

절연체와 전도체를 구별할 수 있다고요? 다음의 간단한 실험으로 여러분 생각을 확인해 보아요.

끓는 물! 조심!

이렇게 만들어요

1 숟가락을 모두 그릇에 넣어요. 손잡이가 아래로 가고 머리 부분이 그릇 가장자리에 기대도록 해요.

금속   플라스틱   나무

2 칼을 이용해 각 숟가락 윗부분에 버터를 조금 올려요.

버터

3 냉동 완두콩을 버터마다 박아 넣어요.

완두콩

4 숟가락이 서로 다른 방향을 향하도록 해요.

5 어른의 도움을 받아 숟가락 손잡이가 4~5센티미터 잠길 만큼 그릇에 끓는 물을 부어요.

끓는 물

6 무슨 일이 일어나는지 지켜보아요. 어떤 완두콩이 가장 먼저 미끄러지나요?

숟가락 재료에 따라 열전도율이 달라요. 열은 나무나 플라스틱보다 금속에서 더 빨리 전달되지요. 끓는 물의 열이 숟가락으로 재빨리 전달되어 버터를 녹이는 바람에 완두콩이 미끄러지는 거예요.

함께 풀어 보아요

재료마다 성질이 달라요. 다음 각 재료를 올바른 설명과 짝지을 수 있나요?
(세 가지 성질이 다 맞아야 해요!)

막대기(나무)   티셔츠(면)   비닐 랩(투명 플라스틱)   컵(유리)   포크(금속)

1
- 단단하다(휘지 않음).
- 촉감이 거칠다.
- 열전도가 잘 안 된다.

나는 무엇일까요? ....

2
- 유연하다.
- 빛을 통과시킨다.
- 물을 흡수하지 않는다.

나는 무엇일까요? ....

3
- 유연하다(휨).
- 촉감이 부드럽다.
- 물을 흡수한다(빨아들임).

나는 무엇일까요? ....

4
- 단단하다.
- 빛을 통과시킨다.
- 물을 흡수하지 않는다.

나는 무엇일까요? ....

5
- 단단하다.
- 촉감이 매끄럽다.
- 열전도가 잘된다.

나는 무엇일까요? ....

정답은 책 뒤쪽에.

편안한 독서 시간

자기 전에 책을 읽는 시간이 있어요. 이불 속으로 파고들어 독서용 전등의 스위치를 켜면 짠! 즉석 조명이 환하게 빛을 내요.

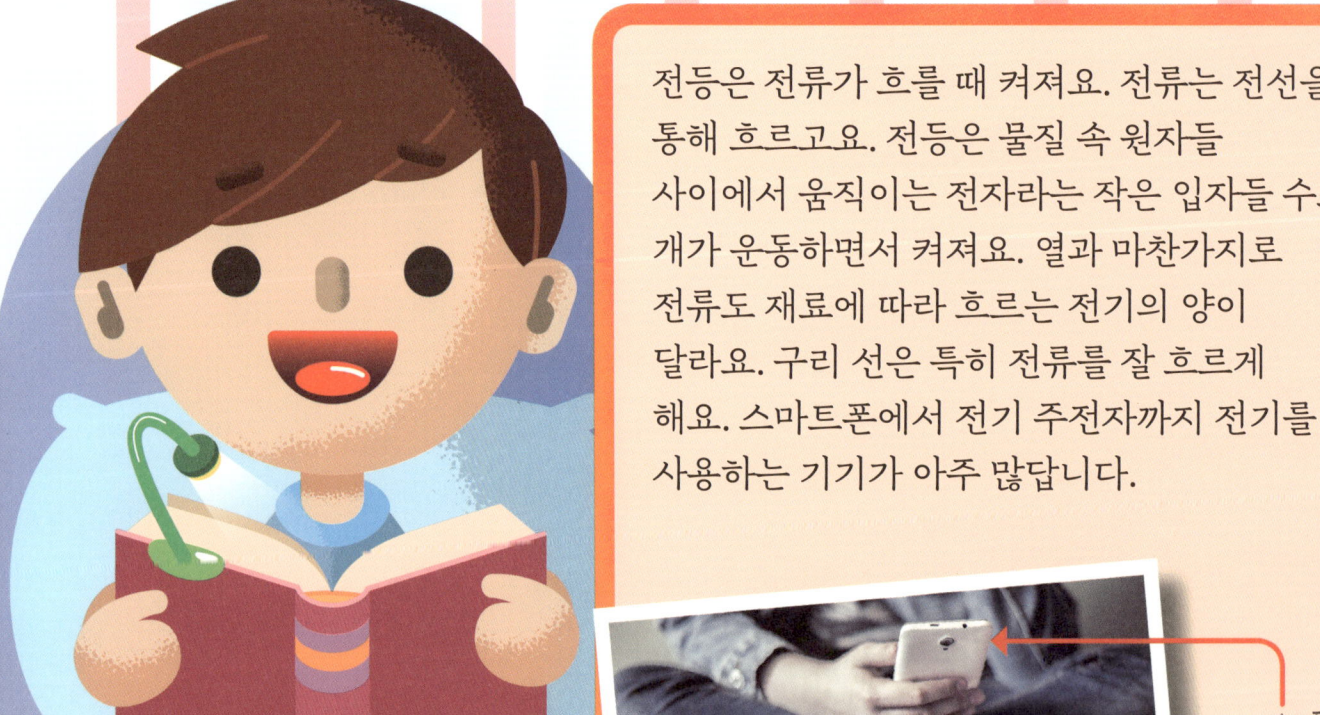

전등은 전류가 흐를 때 켜져요. 전류는 전선을 통해 흐르고요. 전등은 물질 속 원자들 사이에서 움직이는 전자라는 작은 입자들 수조 개가 운동하면서 켜져요. 열과 마찬가지로 전류도 재료에 따라 흐르는 전기의 양이 달라요. 구리 선은 특히 전류를 잘 흐르게 해요. 스마트폰에서 전기 주전자까지 전기를 사용하는 기기가 아주 많답니다.

스마트폰

전기 주전자

전기는 회로라는 닫힌 고리를 통해서만 흘러요. 회로가 끊기면 전기도 흐름을 멈추지요. 독서용 전등 같은 기구 속에서는 전선 망이 스위치, 건전지, LED 등과 연결되어 하나의 회로를 이루어요. LED는 전기가 흐르면 빛을 내는 광원이에요.

1 건전지는 내부의 화학 물질 속에 에너지를 저장해요. 회로에 연결된 건전지는 주변에 전기를 흘려보낼 수 있어요.

2 전기는 건전지의 한쪽 단자(극)에서 흘러나와 전선을 통해 스위치로 흘러가요. 스위치가 '켜짐' 상태이면 전류가 흐르고, '꺼짐' 상태이면 회로가 끊어져 전류가 흐르지 않아요.

3 전류는 회로를 돌다가 LED를 만나요. 전류에 실린 에너지가 LED의 불을 밝혀요.

4 LED와 건전지의 다른 단자를 연결하는 또 다른 전선이 있어야 해요. 그렇지 않으면 회로가 완성되지 않아 전류가 흐르지 못해요.

과일로 만든 건전지

준비물
- 크고 즙이 많은 레몬 4개
- 아연 도금된 못 4개
- 구리 선(약 4센티미터) 4줄
- 양쪽에 집게가 달린 전선 5개
- 저전압 LED
- 도와줄 어른

건전지가 없어도 LED의 불을 밝힐 수 있어요. 레몬을 이용해서 말이에요!

이렇게 만들어요

1 작업대 위에서 레몬을 꾹 누르며 굴려서 안에서 즙이 나오게 해요.

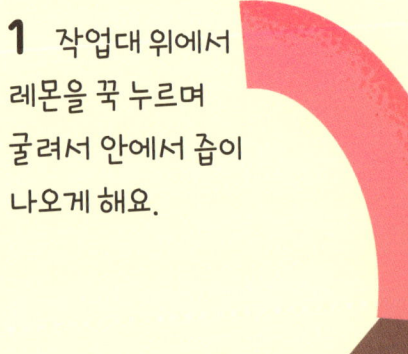

누르며 굴리기 →

2 레몬의 한쪽 끝부분 가까이에 못 1개를 꽂아요. 다른 쪽 끝부분에는 구리 선 1줄을 꽂아요. 둘 다 레몬 속 즙과 만날 정도로 깊이 꽂지만 서로 닿아서는 안 돼요.

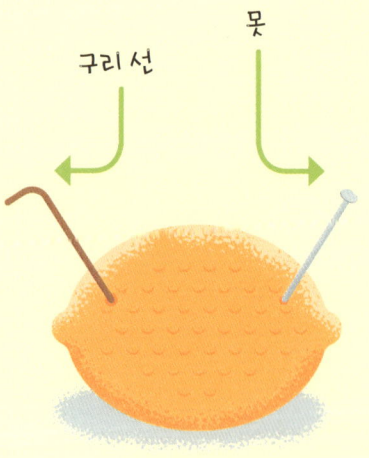

구리 선   못

3 다른 레몬 3개에도 같은 작업을 반복해요. 못이 오른쪽에 오도록 해서 레몬을 한 줄로 놓아요.

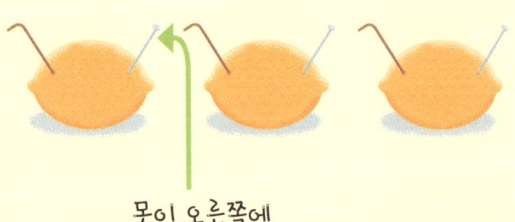

못이 오른쪽에

4 집게 전선으로 레몬 1개의 못과 다음 레몬의 구리 선을 연결해요. 레몬 4개가 다 연결되어 '사슬'을 이룰 때까지 같은 작업을 반복해요.

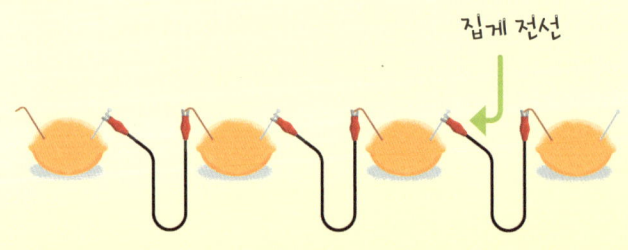

집게 전선

5 집게 전선의 한쪽 끝을 마지막 레몬에 꽂힌 못과 연결해요. 다른 쪽 끝은 LED의 음극(두 전선 중 짧은 것)에 연결해요.

6 집게 전선의 한쪽 끝을 마지막 레몬에 꽂힌 구리 선과 연결해요. 다른 쪽 끝은 LED의 양극에 연결해요.

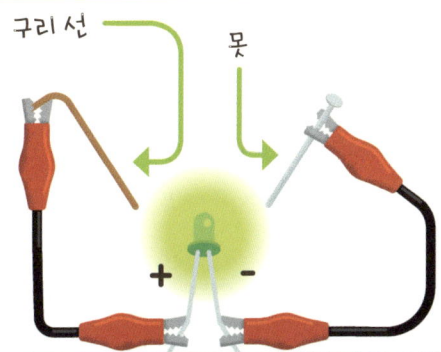

LED의 불이 켜질 거예요. 레몬의 산이 두 종류의 금속과 반응해 전기 흐름을 만들어 내는 거예요. 레몬 한 개로는 부족해서 이 실험에서는 네 개를 연결했어요. LED의 불을 밝히려면 약 3.5의 전압이 필요하니 만약 불이 켜지지 않는다면 레몬 한두 개를 더 연결해요!

 **함께 풀어 보아요**
아래에 나와 있는 전기와 관련된 단어를 표에서 찾을 수 있나요?

건전지(BATTERY)
회로(CIRCUIT)
전도체(CONDUCTOR)
구리(COPPER)
전류(CURRENT)
전기(ELECTRICITY)
전자(ELECTRONS)
에너지(ENERGY)
빛(LIGHT)
스위치(SWITCH)
단자(TERMINAL)
전선(WIRES)

정답은 책 뒤쪽에.

공학은 어디에나 있어요!

아침부터 밤까지 우리 생활은 공학 덕분에 더 편리해져요. 공학자는 과학과 수학을 이용해 온종일 우리가 이용하는 구조물과 기계를 설계한답니다!

공학에는 여러 분야가 있어요. 공학자는 우주선을 설계하고, 식품 공장에 필요한 부품을 생각해 내거나, 각 가정에 민물을 공급하는 수도관 시스템을 계획하는 일 등을 하지요.

모든 공학자는 자신이 가진 과학과 수학 지식을 이용해 용도에 맞는 재료를 찾으며, 물건을 만들고, 작동시키고, 고쳐요. 끊임없이 새로운 아이디어를 생각하고, 그 효과를 알아보는 실험을 하며, 그 결과에서 배움을 얻지요.

여러 공학자가 함께 일하기도 해요. 신형 비행기 설계나 다리 건설과 같은 일은 여러 분야 공학자가 함께해야 하거든요. 커서 공학자가 되고 싶나요? 지금까지 배운 것을 떠올려 봐요. 공학으로 해결할 것 같은 문제가 있나요? 그것에 도움이 될 만한 무언가를 만들 수 있겠어요? 밑그림을 그리고 계획을 세워 보아요. 불가능한 일은 없답니다!

퀴즈 시간!

다음의 공학 관련 질문에 대한 답을 기억하는지
기억력을 시험해 봐요!

1. 물이 관을 통해 각 가정으로 흘러갈 수 있게 하는 힘은?
   a) 압력 ☐
   b) 태양 에너지 ☐
   c) 자력 ☐

2. 고대 로마인은 도로를 만들 때 무엇을 이용했나?
   a) 벽돌과 모르타르 ☐
   b) 점토, 자갈, 돌 ☐
   c) 콘크리트와 아스팔트 ☐

3. 신호등의 타이밍은 어떤 장치로 변화되나?
   a) 레이저, 카메라, 기타 센서 ☐
   b) 리모컨 ☐
   c) 운전자의 스마트폰에 있는 앱 ☐

4. 형교를 지탱하는 수직 구조물은?
   a) 케이블 ☐
   b) 트러스 ☐
   c) 교각 ☐

5. 산악자전거가 울퉁불퉁한 길을 잘 달릴 수 있게 해 주는 특징은?
   a) 스턴트 페그 ☐
   b) 두껍고 우둘투둘한 바퀴 ☐
   c) 낮은 핸들 ☐

6. 짚 와이어에는 어떤 단순 기계가 사용되나?
   a) 도르래 ☐
   b) 지렛대 ☐
   c) 쐐기 ☐

7. 액체가 증발하면 어떻게 되나?
   a) 걸쭉하고 끈끈해짐 ☐
   b) 얼어서 고체가 됨 ☐
   c) 기체로 변함 ☐

8. pH가 7이 넘는 물질을 일컫는 말은?
   a) 용매 ☐
   b) 염기성 ☐
   c) 계면 활성제 ☐

정답: 1a, 2b, 3a, 4c, 5b, 6a, 7c, 8b

정답

11쪽

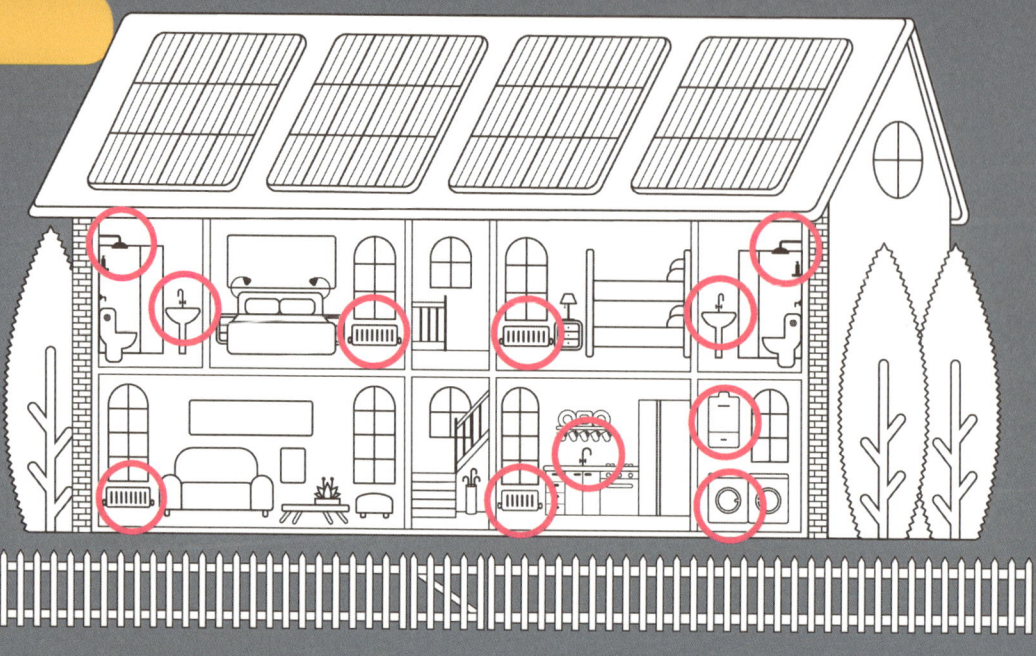

15쪽

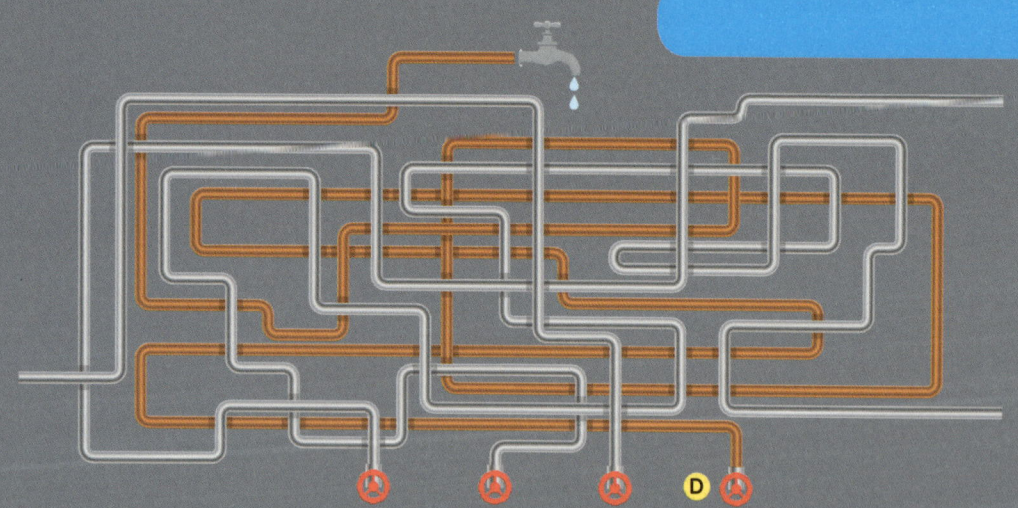

19쪽

23쪽

진짜 도시에서는 가장 붐비는 도로들의 교차로와 대형 회전 교차로에 신호등이 설치되어 있어요. 여러분도 지도의 그런 지점에 신호등을 그렸나요?

27쪽

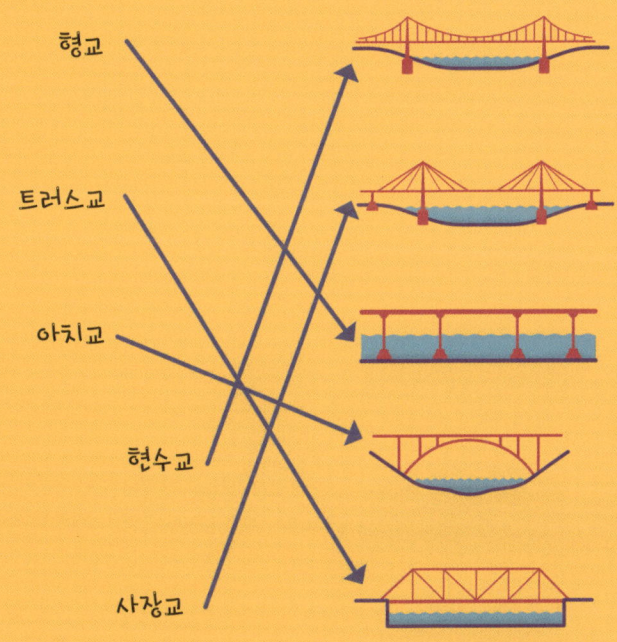

35쪽

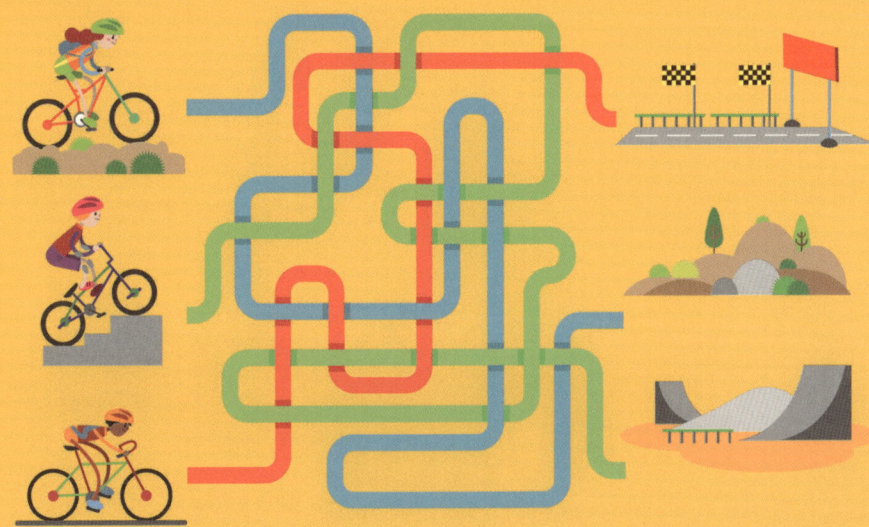

39쪽

47쪽

55쪽

1. 막대기(나무)
2. 비닐 랩(투명 플라스틱)
3. 티셔츠(면)
4. 컵(유리)
5. 포크(금속)

59쪽